おさえておこう!!
現代日本経済の基礎

西村 理・加藤一誠 著

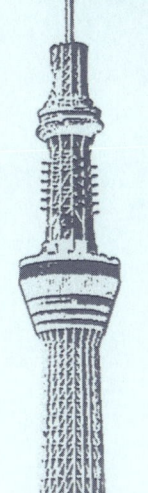

萌書房

はしがき

　日本経済に関する私たちの最初の書物は，西村理『日本経済の公式』（こう書房）で，それは1991年に刊行されました。その後，加藤一誠が筆者に加わりましたが，刊行から20年以上の歳月が流れました。この間，わが国の経済は混迷といってもよい期間が長く続いてきました。

　たとえば，1991年のわが国の名目国内総生産は476兆円でした。その後，523兆円（1997年）まで増えましたが，デフレ経済に突入すると下がり始め，2012年の名目国内総生産は476兆円と，21年前と同額です。この間，経済には浮き沈みはあったものの，労働者の給料はほとんど変わっていないことになります。ところが，私たちの生活を考えると，携帯電話が必須アイテムとなり，パソコンはiPadやiPhoneに変わりました。これらを購入できたのは，他の財やサービスが値下がったからです。つまり，20年間の豊かさは値下がりによってもたらされたといってよいのです。その証拠に，ユニクロ，ニトリ，ヤマダ電機など，有名になった企業は価格破壊の旗手ですね。

　名目GDPが増えないことがプラスになったこともあります。たとえば，海外からの旅行者は，為替レートを使って自国の通貨を円に換算して買い物をします。わが国では20年間物価が上がっていない反面，彼らの本国の大部分ではインフレが続いているので，わが国の物価が安いと思っているでしょう。海外からの旅行者は2013年に1000万人を超えました。高齢化が進むわが国にとって，こうした旅行者の使うおカネは成長の柱になると期待されています。1990年代初頭にアメリカに行ったとき，アメリカの食料品は安いと思ったのですが，今，アメリカに行ってもそれほど安いと思いません。物価が上がらないことによって，わが国の財は相対的に安くなったといえるでしょう。

　20年を振り返ると，このような例を挙げるまでもなく，わが国の経済の構造が大きく変化しています。上述のように名目GDPの停滞をプラスと見る動

きもあるでしょうが，実際にはそうではないのです。典型が税収です。1998年以降，わが国の公債残高は積み増され，名目GDPの2倍以上にふくれ上がりました。ここにも名目GDPの低迷が影響しています。これまでの経験から名目GDPが増えれば，その数倍の速さで税収が増えることが明らかになっています。つまり，名目GDPの増加は財政赤字の削減にもつながるのです。

1970年代のインフレを知る世代からすれば，インフレによって消費者の購買力が落ちていくことは避けたいと思います。けれども，ここまでデフレが続くとデフレのマイナスが目立ってきています。そして，2012年12月，第2次安倍晋三内閣になって積極的な金融政策を先行させた結果，ようやく消費者物価はプラスになりつつあります。今後は名目GDPの成長にも目を向けるべきでしょう。

本書ではこうした20年間の低迷と比較するために，それ以前の1980年代からのデータを意識的に掲載しています。読者は「ジャパン・アズ・ナンバー1」といわれた80年代から，90年代に向かった変化をよく見ていただきたいと思います。

本書は私たちが2008年に刊行した『アウトルック 日本経済』の改訂版になっています。執筆にあたり，私たちの基本的なスタンスを書いておきます。これは20年前から変わっていません。

まず，私たちは毎日，新聞・インターネット・テレビなどで経済記事を目にしたり，耳にします。ところが，このような毎日飛び込む断片的な経済ニュースは経済全体の枠組みの中で相互に関連づけられないと，まさに一過性の泡沫のように現われては消えていってしまいます。そこで，本書では経済全体の枠組みの中にそれぞれの経済ニュースを位置づけるようにしています。

第二に，日本経済を解説していく際に，ジャーナリスティックな，あるいは評論的な解説を避け，経済学のスタンダードな考え方（本書では，これを「公式」と名づけました）をベースにした平易な説明を試みました。いうまでもなく，スタンダードな考え方は，あくまで経済の見方を示す骨格にすぎません。ところが，現実の経済は「生きもの」であり，日々刻々と変化しています。したがって，経済の動きは，ときには「公式」通りに，ときには「公式」と違うこと

もあります。そのあたりの関係にも注意を払いながら解説していくことにしました。

　もとより，本書は経済学の専門書を目指したわけでもなく，経済理論の解説書でもありません。一般の人びとにも経済の全体像と日本経済の流れをつかんでいただくことを主たる目的にしています。本書を通して，読者の方がたに簡単な経済学の「いろは」を知っていただければ，私たちの喜びとするところです。

　最後に，本書の執筆に際して，データの提供や図表の作成でお世話になった日本大学経済学部の小巻泰之教授に深く感謝いたします。また，図表の作成は，日本大学経済学部加藤一誠ゼミの乾辺明宏（現東京メトロ）・松島貴仁の両氏の力に拠るところが大きいことを記しておきます。また，本書の出版を薦めてくださり，さらに，文字通り編集の労を取っていただいた萌書房の白石徳浩氏にも心より御礼申し上げます。

　2014年早春

西村　理
加藤　一誠

目　　次

はしがき

プロローグ ……………………………………………………………… 3
　　戦後の冷戦構造（3）　　高度成長期の日本（4）　　「経済大国」日本（5）
　　本書の狙いと構成（6）

第Ⅰ部　日本経済のスケール

第1章　GDPとは？ ………………………………………………… 11

1.1　GDPとはなにか？ ……………………………………………… 11
　　GDPが増えて日本はどうなったか？（11）　　GDPは全付加価値の
　　合計額（13）　　GDPとGNPの違い（15）

1.2　GDPを解剖する ………………………………………………… 16
　　インフレの指標「GDPデフレータ」（16）　　GDPデフレータは「固
　　定基準方式」から「連鎖方式」へ（18）　　経済成長はGDPの伸び
　　率（20）

1.3　日本経済とGDP ………………………………………………… 21
　　経済の本当の姿——名目GDPと実質GDP（21）　　GDPに社会が見え
　　る（23）

1.4　GDPで分かることと分からないこと ………………………… 26
　　GDPは絶対か？（26）　　GDPの比較に適切な為替レートがない？
　　（26）　　一人当たりのGDPでは（27）　　GDPに計上されない取
　　引——専業主婦が日本のGDPを減らす？（27）　　無意味な経済取引が
　　GDPを歪めていないか？（28）

第2章　需要とはなにか——内需と外需 ………………………… 30

2.1　日本経済を需要サイドから見る ……………………………… 30

v

買いがあれば，売りがある（30）　需要のGDP構成比とは？（31）

2.2 需要は経済にとってどんな意味があるのか？ ……………………………… 33

内・外需寄与度とは？（33）　内・外需寄与度の導き方（33）

2.3 「内需」を理解する ……………………………………………………………… 37

内需の項目(I)——支出するのは誰か？（37）　内需の項目(II)——支出するのは何か？（38）　日本経済における内需の移り変わり（40）

2.4 「外需」を理解する ……………………………………………………………… 42

外需の項目（42）　日本経済における外需の移り変わり（45）

第II部　日本経済の需要サイド

第3章　民間の消費・投資 ……………………………………………………… 49

3.1 日本の消費の姿が見える ……………………………………………………… 49

煙あれば火あり（49）　なにが消費のサイズに影響を与えるのか？（50）　日本の消費に影響を与えてきたもの（52）　価格効果は重要でないのか？（55）

3.2 日本の投資の姿が見える ……………………………………………………… 56

投資もいろいろ（56）　住宅投資の動きはなにに影響されるのか？（57）　日本の住宅投資の動きはどうだったのか？（58）　「公式」を検証する（59）　設備投資に影響を与えるもの（62）　設備投資は景気の主役（64）　在庫投資の決定要因（66）

第4章　貿易大国から投資大国へ ……………………………………………… 69

4.1 貿易の仕組みを理解する ……………………………………………………… 69

貿易は経済活動を広げる（69）　為替レート——円高，円安とはどういうことか？（70）　なにが輸出・輸入に影響を与えるのか？（71）

4.2 日本と海外との経済的なつながり …………………………………………… 72

レーガンの登場（73）　プラザ合意（74）　日米の経済構造の違いを見る（76）

4.3 成熟過程にある日本経済 ……………………………………………………… 79

投資収益の増加（79）　日米から日米中の時代へ（82）

第5章　大きな政府か，小さな政府か　　86

5.1　政府支出の目的と役割　　86
「政府がしている救済活動」とはどんなものか？（86）　政策の目標①——資源配分の役割（87）　政策の目標②——所得再分配の役割（88）　政策の目標③——経済安定化の役割（90）

5.2　政府の財政は火の車　　92
「金持ち国」のはずなのにどうして財政赤字になるのか？（92）　まさに雪ダルマ，国債が国債を呼ぶ（93）　財政再建への途（94）　地方分権への流れ（96）

5.3　社会保障制度と国民の負担　　98
ナショナル・ミニマムを保障するのは国の責任（98）　国民の関心が高い公的年金（100）

第Ⅲ部　日本経済の供給サイド

第6章　日本型経営の行方　　105

6.1　生産現場は企業なり　　105
株式会社とは？（105）　日本型経営は労使協調路線（107）

6.2　企業規模と企業グループ　　109
長期・継続的な取引（111）　水平的系列と流通系列（112）

6.3　企業の経営戦略　　114
「企業収益」か，「企業成長」か？（114）　市場構造とプライシング策（115）　マーケット・シェアの拡大競争（116）　メガ・コンペティションと日本型経営の再評価（117）

第7章　雇用形態の多様化　　121

7.1　日本経済の最大の資源・ヒト　　121
経済活動の要は「ヒト」（121）　教育は投資である（122）

7.2　日本型の雇用慣行　　124
終身雇用制のメリット（125）　途中退職を防ぐ年功序列制（126）

7.3 失われた15年と日本型雇用調整 ……………………………… 127
　　人手不足や失業はどのように調整されるのか？（127）　物価と失業の関係（128）
7.4 これから日本の雇用はどうなるか？ …………………………… 131
　　ニート・フリーター現象（131）　成果主義の導入と長期雇用の変化（133）　成果主義の導入と学歴の意義（133）

第8章　世界を揺るがすリスク・マネー ……………………………… 135
8.1 資金調達の仕組み ………………………………………………… 135
　　カネは天下の回りもの（135）　資金の貸し手と借り手（136）　リスクを取るか, 取らないか？（137）　証券投資の収益とは？（138）　金利と有価証券価格の関係は？（139）　企業による資金調達の方法（141）
8.2 日本の企業ファイナンスの特徴 ………………………………… 142
　　高度成長期は間接金融支配（142）　金融自由化で私たちのカネはどう動いたか？（144）　金融の国際化で日本のカネの流れはどうなったか？（145）　円キャリーが国際金融不安定の一要因（146）
8.3 日本版ビッグバン ………………………………………………… 148
　　金融市場のグローバル化（148）　新たな金融商品の開発と持株会社の解禁（149）　金融のグローバル化が実体経済を揺るがす（151）

エピローグ ……………………………………………………………… 153
　　市場主義の弊害（153）　ルールは厳守すべし（154）　豊かになって国滅びる（155）　環境に配慮した経済活動を（157）

1-1 GDPの定義…15　1-2 名目および実質成長率の関係…20　1-3 ペティ＝クラークの法則…24　2-1 三面等価の原則…31　2-2 経済成長率と内需・外需寄与度…34　2-3 アブソープション・アプローチ…44　3-1 消費支出の決定要因…52　3-2 住宅投資の決定要因…57　3-3 設備投資の決定要因…63　4-1 輸出・輸入の決定要因…72　4-2 I-Sバランス・アプローチ(1)…78　4-3 I-Sバランス・アプローチ(2)…81　4-4 国際収支の定義…82　5-1 有効需要の管理…91　5-2 ドーマーの法則…95　5-3 年金財源方式…100　6-1 プリンシパル＝エイジェンシー理論…107　6-2 プライシングの方法…115　7-1 賃金の学歴間格差…123　7-2 労働市場における雇用調整…128　7-3 フィリップス曲線…129　8-1 金利と証券価格の関係…139　8-2 モジリアーニ＝ミラーの定理…142

公　式

おさえておこう!! 現代日本経済の基礎

プロローグ

戦後の冷戦構造

　弓形（ゆみなり）の日本列島。

　国土面積は38万km²で，世界全体のわずか0.3％しか占めていません。しかも，そのうち約60％が山地や火山地です。この狭い国土に1億2752万人（2012年），世界全体の約2.0％の人口が住んでいます。さらに，日本の国土は水以外の天然資源には恵まれていない自然環境に置かれています。

　ところが，このような貧弱な自然環境にもかかわらず，日本経済は第二次大戦後の復興を経て，世界の先進国と肩を並べるまでの大きさになりました。経済活動の規模が拡大し，ボーダレス（無国境）化に向かっている経済環境の中で，世界の国々は「経済大国」となった日本に，資金供給や技術援助を求めて熱い視線を注ぐようになりました。そして，21世紀には，アメリカが自由主義国で果たしてきたリーダーの座から降りて，日本の時代が来るといわれていました。しかし，その期待もむなしく，世界における日本はいまだにアメリカの追随国で，真の独立国ではないと揶揄（やゆ）されています。

　第二次大戦後，西側における自由主義陣営は，アメリカを中心とした平和秩序を形成してきました。政治的にも経済的にも文字通り，アメリカがリーダーシップを発揮してきました。いわゆる「パックス・アメリカーナ」と呼ばれる状況です。このアメリカによる平和秩序の維持が可能であったのは，いうまでもなく経済力，政治・軍事力および文明の優位性にあったからです。まず経済力に関しては，他国の追随を許さない生産力が実現されました。これは大量生産によって規模の経済性が働き，分業システムによって生産性が上昇してコスト・ダウンの効果をもたらしたからです。このメリットによって豊かな生活が可能になり，アメリカン・ドリームと呼ばれる物質文明が花開いたのです。さ

らに，戦後の冷戦構造のもとでの核戦略は，核開発のコストが高くつくという技術的な性質から，アメリカを中心に西側諸国を核の傘下へ組み込んでいくほうが，各国が独立して核開発するよりも経済性に富んでいました。その結果，ガリバー型の政治・軍事体制，すなわち米ソの二大陣営を形成していくことになったのです。

高度成長期の日本

　戦後の日本経済は廃墟の中からスタートし，豊富な労働力と優れた技術力を活かしながら経済復興に努め，高度成長への軌道に乗ることに成功しました。すなわち，高度成長期の日本経済は，基礎・開発技術よりも応用技術に比較優位を持つ特徴を活かし，欧米の技術を導入することによって，品質の向上と大量生産によるコスト・ダウンを目指してきました。特に，経済成長の牽引力となったのは，「産業のコメ」といわれた鉄鋼業など素材型産業で見られた誘発投資，三種の神器とか3C時代と称する消費ブーム (53頁参照)，土木関連業を中心とした公共事業などでした。そして，安くて勤勉な労働力がマクロ的な経済成長を下支えしてきました。

　一方，政治面では，日米安全保障条約によって防衛費を大幅に節減することができたのです。すなわち，防衛活動は公共サービス的な性質を備えています。そのため，日本は「安保ただ乗り」の恩恵が受けられ，対外的な軍事活動に配慮せずに生産資源を経済活動だけに回すことができました。たとえば，大砲の製造には関心を払うことなく，バター作りに専念していればよかったのです。対内的には，自民党と社会党（社民党の前身）の二大政党を軸とする55年体制のもとで，自民党の長期安定政権が続きました。この長期安定政権によって，統一的な経済目標が設定され，官僚の権限が強化されてきたのです。

　アメリカのように，政権交代の可能性を内包した民主党と共和党の二大政党制のもとでは，国民の要求が政策的な形で反映されやすくなります。ところが，事実上の一党支配は利権の絡んだ政府主導型の経済政策になり，既得権益を保護するような経済活動の規制措置が増えてきます。この規制措置や公共事業・

サービスの受注によって生じた企業利益が,政治献金や贈収賄の形で政治家に還元されていったのです。また,企業向けの行政指導や監督が,官僚の天下り先を確保する暗黙の合意にもなっていました。かくして,政界・財界・官界が三位一体（さんみ）となった,いわゆるアイアン・トライアングル（鉄の三角形）が形成されました。

このように,高度成長期の日本は,政府主導型の経済運営（＝「お上意識」の醸成）と国民の同じような嗜好（しこう）（＝価値の一元化）でもって特徴づけられていました。さらに,アメリカ型物質文明の追随と貧弱な文化政策ゆえに,経済力だけが突出する状況を生み出していったのです。

「経済大国」日本

1970年代の第一次および第二次石油ショックを境に,国内的にも国外的にも政治・経済の様相に変化が生まれてきました。まず第一に,日本の経済力が拡大し,主要な耐久消費財がほぼ普及したことによって,日本経済は成熟期を迎えました。戦後の日本社会が目指してきたアメリカ型の物質文明に追いつき,「大衆消費社会」を実現したともいえるでしょう。

第二に,日本経済は貿易収支の黒字国へと構造転換し,「貿易大国」へと変貌していったのです。と同時に,貿易の自由化,資本の自由化,金融の自由化が進み,80年代のバブル期には不法労働者も含めて外国人労働者の入国が増加しました。すなわち,ヒト・モノ・カネの相次ぐグローバル化（国際化）が進んだのです。

第三に,外国為替市場が固定相場制から変動相場制へと移行すると,経済力の投影でもある円の価値が上昇し円高が定着してきました。この円高を背景に,日本は海外に資金を供給する主要な債権国,すなわち「金融大国」になっていったのです。

このような変化を背景に,日本社会は「経済大国」として経済力を高めるとともに,日本人の価値観が多様化の傾向を示すようになりました。また,コンピュータやマイクロ・エレクトロニクスなどで代表されるハイテク産業の発展

が多品種少量生産を可能にし、価値観の多様化に拍車をかけることになったのです。要するに、日本社会は一元的な価値社会から多元的な価値社会へと移り変わっていったのです。その結果、日本の高度成長を支え、経済大国を築き上げた日本型システムがうまく作動しなくなりました。というのも、従来の日本型システムは一元的な価値社会から編み出された仕組みであり、多元的な価値社会では柔軟性を欠いていたからです。

さらに、ソ連や東欧諸国など社会主義体制が崩壊し、資本主義体制の勝利と謳われたのも束の間でした。というのも、アメリカが推し進めるグローバルな市場主義が新しい問題をもたらしたからです。地球温暖化をはじめとする環境問題。世界を駆け巡るマネー・ゲームで引き起こされる金融不安。持てる国と持たざる国との間に広がる貧富の格差。テロや虐殺がもたらす民族紛争、等々。ところが、「経済は一流、政治は三流」といわれているように、日本の政治がいかなる形で、世界の平和と秩序の維持に関わっていくのかさえも描けずにいます。いまや日本は経済大国といわれるようになりましたが、政治面や文化面で世界をリードする実力を持ち合わせていません。いわば身体だけが大きくなった反面、知性の伴わない子どものような存在にしかすぎません。さらに、1990年代に平成不況の長いトンネルに突入し、その間中国や東南アジアの目覚しい経済進出もあり、現在ではその経済力にも翳りが現われてきたのです。

本書の狙いと構成

本書の目的は、経済学の基本的な考え方を紹介しながら、日本経済の全体的な流れや特徴を読み取っていくことにあります。その場合、時代区分としては、一つ目は1960年代から始まった「高度成長時代」、二つ目は2度の石油ショックからバブル経済崩壊までの「安定成長時代」、そして、三つ目は、1990年代以降の対内的には「失われた10年」とか「失われた15年」といわれた「低成長時代」、対外的には経済のグローバル化が大いに進展した「メガ・コンペティション（大競争）時代」の三つに大きく分けて、日本経済の流れを考えていくことにします。

本書は3部構成になっています。
　第Ⅰ部では，日本経済のスケールを表わすGDPを取り扱います。すなわち，第1章では，GDPの概念や経済的な意味，あるいはGDPの抱える問題点を，第2章では，GDPを構成している項目の内容やGDPの成長に寄与している度合いの表わし方などを説明します。
　そして，第Ⅱ部と第Ⅲ部では，そのGDPを創り出す日本の経済活動を二つの側面から眺めていくことにします。二つの側面とは「需要」と「供給」です。
　まず第Ⅱ部の需要サイドでは，消費支出や投資支出のいままでの動きと特徴（第3章）を，続いて，主として日米間の関係に焦点を当てながら貿易大国から投資大国へ変貌してきた経緯（第4章）を，さらに，政府の社会保障政策や赤字国債の問題（第5章）を順次取り上げていきます。
　その後，第Ⅲ部の供給サイドでは，ヒト・モノ・カネが経済活動における重要な生産資源ですが，それらをコーディネイトする場である企業組織（第6章）について説明していきます。また，生産資源の中でも特に，ヒトとカネの問題を取り上げて，それぞれの特性と役割について日本の雇用市場（第7章），および金融市場（第8章）の関連で説明していくことにします。

第Ⅰ部
日本経済のスケール

Ⅰ

封建時代の国力は石高(こくだか)で表わされていました。島津六十万石とか加賀百万石のように。というのも，封建時代の主要な生産物はコメで，コメの収穫量の大きさがそのまま各藩の経済力に結びついていたからです。肥沃な穀倉地帯を押さえると，経済力が高まったのです。その結果，大きな軍事力を動かすことによって，天下の覇権を握ることができました。

　ところが，現代社会ではいろいろな種類のモノ（財貨・サービス）が生産されています。農産物のみならず，自動車・テレビ・パソコンなどの工業製品，さらには，ガス・水道・電気・輸送サービスなど，数えきれないほどあります。そのため，これらのモノをすべてコメのような一つの財に換算し直すことはできません。そこで，いまではすべての生産物を金額表示し，それを集計する方法が採用されています。そのような方法で得られた統計数字が"GDP"とか"GNP"です。

　第Ⅰ部では，GDPの概念を説明します。もとより，GDPの推計は大変わずらわしい統計作業ですが，その作業は政府の内閣府で進められています。作業の具体的な内容は別にして，推計手順には，大まかにいって二つあります。供給サイドから推計するルートと，需要サイドから推計するルートです。たとえていうと，各家庭で記帳されている家計簿の収入項目（＝供給サイド）を調べるか，あるいは支出項目（＝需要サイド）を調べるか，ということになります。

　そこで，第1章では，供給サイドから眺めたGDPを説明していくことにします。そして，第2章では，需要サイドから日本の経済力を眺めていくことにします。経済全体の需要には，消費支出や投資支出の民間支出と政府支出を合わせた国内需要（内需）と，貿易収支・サービス支出などの国外需要（外需）とがあります。それぞれの需要項目を取り上げながら説明していくことにします。

第1章　GDPとは？

1.1　GDPとはなにか？

GDPが増えて日本はどうなったか？

　第二次大戦後，70年近くの歳月が流れました。その間，日本経済は廃墟の中から復興・躍進・繁栄の途を歩んできたのです。また，わが国は発足当初から先進国首脳会議（サミット）に参加しているアジア唯一の国でもあります。極東の小さな島国が「経済大国」といわれることは，統計データからも確認することができます。

　2006（平成18）年の日本のGDP（Gross Domestic Product）は511.9兆円で，1980（昭和55）年の水準（240兆円）から見ると，およそ四半世紀の間に2倍以上の大きさになりました。ただ，その後の日本はデフレ経済の影響で，2011（平成23）年度のGDPは469.9兆円にまで下落しています。ちなみに，年（暦年）と年度（財政年度）の違いですが，「年」は1月1日から同年の12月31日までです。ところが，わが国の「年度」は4月1日から始まり，翌年の3月31日までの1年間です。アメリカでは，財政年度は10月1日から始まり，翌年の9月30日までです。したがって，年度ごとにデータを比較する場合，各国の財政年度の始まりに注意する必要があります。また，**図1-1**にあるように，2012年における世界のGDPは71兆9000億ドルで，全体のうち日本のシェア

図1-1 世界のGDP（%）

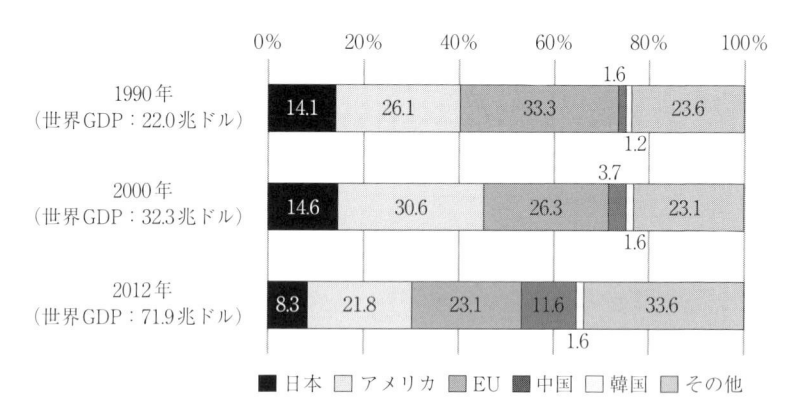

年	日本	アメリカ	EU	中国	韓国	その他
1990年（世界GDP：22.0兆ドル）	14.1	26.1	33.3		1.6	23.6
2000年（世界GDP：32.3兆ドル）	14.6	30.6	26.3	3.7	1.2	23.1
2012年（世界GDP：71.9兆ドル）	8.3	21.8	23.1	11.6	1.6	33.6

（注）　EUは2013年時点の28カ国から1990年にはなかったエストニアを除いた27カ国。
（出所）　UN data（国際連合ウェブページ）よりデータを抽出し，作成。

は8.3％を占めています。2000（平成12）年には，その割合が大体15％だったのですが，日本のシェアはかなり小さくなりました。

　同時に注目すべきは，アメリカやEU（欧州連合）のシェアが減少する中で，中国経済が驚異的な成長を遂げてシェアが11.6％（2012年）を占めていることです。シェアを減らした先進国に中国が取って代わったともいえるでしょう。日本は長い間，経済大国といわれてきましたが，GDPのシェアが一ケタになったことで大国という言葉に疑問を唱える人も出てきました。ともあれ，世界の国土面積のうち0.3％にも満たない狭い日本で，世界の総生産額の8％強が産み出されているのは驚くべきことです。

　GDPもしくはGNPはその国の経済力を示すだけでなく，いろいろな経済統計の相対的な大きさを表わすためにも参照されます。いくつか例を上げてみましょう。

(1)日本政府は財政赤字の問題に悩まされています。中央政府の発行する国債や地方自治体の発行する地方債の残高がうなぎ上りで増え続けているからです。近年では，北海道の夕張市が財政破綻し，増税や行政サービスのカットなど厳しい財政再建に取り組まざるをえなくなっています。国も地方も財政再建のた

めに，財政赤字のGDP比率や国債など債務残高のGDP比率の数値目標を設定しています。このような数値目標は，たとえばEUでは，欧州通貨統合（ユーロ）への参加条件の一つになっています。これをめぐっては，ギリシャの統計に不備があり，数値が実際に比べて過大であることが表面化したことで2010年のギリシャ危機の引き金になりました。

(2)すでにわが国は「高齢化」ではなく「高齢」社会であり，年金給付額や医療費が増える傾向にあります。当然，老齢年金給付額や医療保険支給額の対GDP比率が上昇するにしたがって，政府の財政支出の負担も増えることになります。そこで，その財源をめぐって税制改革も避けて通れない問題になっています。

(3)第二次大戦後の世界各国における経済発展を眺めてみますと，まず敗戦国であった日本と旧西ドイツが目覚しい成長を遂げました。その後，韓国・台湾・香港・シンガポールのNIEs（新興工業経済群）の成長。続いて，ASEAN（東南アジア諸国連合）の台頭。次に，世界で注目されていたのがブラジル（Brazil）・ロシア（Russia）・インド（India）・中国（China）のBRICsと呼ばれる4カ国でした。いま，アフリカ大陸に熱い視線が注がれています。これらの国における経済発展の成熟度や速さを理解するために，各国の一人当たりGDPを比較したり，GDPの成長率が用いられたりします。

このように，各種の統計数字は財政政策・通商政策・福祉政策など，日本経済の舵取りをしていくうえで重要な目安になることはいうまでもありません。

GDPは全付加価値の合計額

それでは，"GDP"，すなわち国内総生産とは，なにを表わしているのでしょうか。GDPの概念を明らかにするために，まず最初に，日本を「日本株式会社」という総合企業だと想定してみましょう。

いわゆる企業の損益計算書とは，半年あるいは1年間の企業活動についての収支報告書です。それとの関係で説明すると，GDPの概念は，売上高から原材料や部品など中間投入財の購入に支払った仕入高を差し引いた金額に相当し

ています。

　日本株式会社は無数の法人企業や個人企業から構成されています。したがって，それぞれの企業の純売上高（＝売上高－仕入高）を合計すれば，日本のGDPを求めることができます。ちなみに，日本の場合，中間投入財の取引に対する年間支払額，すなわち，仕入高の合計はほぼGDPに匹敵しています。したがって，日本株式会社の年間取引高は，仕入高も含めてGDPのほぼ2倍と見なしても差し支えないでしょう。

　GDPは純売上高の合計額であることが分かりました。そこで次に，その純売上高の行方について検討してみましょう。まず，売上高＞仕入高の関係から，その差額である純売上高は，企業の生産や販売などの経済活動に貢献した労働・実物資本・土地（これらを生産要素と呼びます）に対する報酬として労働者や，資本および土地の所有者に分配されます。

　生産要素に対する報酬はさまざまな名目で支払われますが，具体的には以下の通りです。

　企業で働いている正規の労働者には給与・賞与が，パートやアルバイトの形で働いている非正規の労働者にはパート代やアルバイト代が支払われます。工場の建設や機械の購入に必要な資金を銀行借入れで賄っていれば借金の返済に，オフィス・ビルの賃貸契約をしていればテナント料の支払いに充てられます。また，磨耗・破損した建物や機械の補修や更新を目的とした場合には，固定資本減耗（＝減価償却）の名目で積み立てられます。さらに，株主への配当，法人税や間接税などの税金，あるいは，企業内で蓄えられる内部留保なども付加価値の一部になります。

　このように，付加価値はさまざまな形に姿を変えて，サラリーマン，自営業者，不動産・金融関係者などの所得として分配されていくのです。いうまでもなく，企業は生活の糧を得る場，所得を稼ぐ場です。ただ，受け取る所得の形が異なるだけです。そして，形の違いによって，雇用者所得，財産所得，企業所得などと呼ばれるにすぎません。

　要約すれば，付加価値の合計額は国内総所得（Gross Domestic Income：GDI）と名づけられます。そして当然のことながら，GDIはGDPの額と一致した大

きさになっています。このGDIから固定資本減耗を除いた部分が国内純所得（Net Domestic Income：NDI）になり、このNDIの項目は内閣府の発表する「国民経済計算」では、雇用者報酬（労働に対する報酬）と営業余剰・混合所得（実物資本や土地に対する報酬）に大別されます。ちなみに、国内純所得のうち雇用者報酬の占める割合、すなわち給与・賃金など労働者に分配される報酬の比率は、1980年代は年平均62.4％でした。1990年代になると64.8％、2000年代は65.7％に上昇し増加傾向にあります。反対に、営業余剰・混合所得の割合は、80年代の年平均30.4％から90年代の26.1％、2000年代の23.8％へと減少しています。

以上の点を公式の形で要約すると、次のようになります。

> GDPは日本株式会社の年間純売上高（＝付加価値の合計額）であり、日本国内にいる人々の年間収入（＝GDI）の合計でもあります。

【公式1-1】GDPの定義

企業の経営戦略の一つとして、「付加価値の高い商品を開発・生産し、その販売を促進させる」といったことがよく聞かれます。このような高付加価値商品の売れ行きがよくなると企業の利潤も増え、ひいては労働者に支払われる賃金・給与やボーナスも増えていきます。そして、それがGDPの増大に結びつくことも、【公式1-1】から理解できるでしょう。

GDPとGNPの違い

各国の統計データを見ると、GDPの代わりにGNP（Gross National Product）が使われていることがあります。そこで、GDPとGNPの違いについて簡単に触れておきましょう。

GDPは文字通り、日本の「国内」で作り出された生産物を表わしています。すなわち、日本人であれ外国人であれ、日本の領土内で稼いだ所得の合計がGDPになります。一方、GNPは国民総生産と呼ばれていますが、これは日本の「国民」が日本や外国で作り出した生産物を表わしています。したがって、

海外で活躍している日本人が稼ぎ出した所得は，GNPには算入されますがGDPには算入されません。反対に，日本で活躍している外国人が稼ぎ出した所得は，GNPには算入されませんがGDPには算入されます。そこで，両者の関係をまとめますと，

　　　GNP ≡ GDP ＋国外の日本人の所得 － 国内の外国人の所得

になります。

　この関係式から分かるように，日本が江戸時代のような鎖国状態にあれば，GDPとGNPは完全に一致します。しかし，今日のようにグローバリゼーション（国際化）が進展すると，ヒト・モノ・カネが国境を越えて盛んに移動するようになります。すると，GDPとGNPのギャップが次第に大きくなってきます。そこで，日本の経済力を反映する指標として，GDPが多用されるようになったのです。いまでは（2010年度），日本国内の外国人労働者が多くなり，GNPはGDPを3％弱ほど上回っています。

1.2 GDPを解剖する

インフレの指標「GDPデフレータ」

　GDPは金額表示の統計数字です。そのために，GDPが大きくなったとき，経済の実体が拡大したのか，あるいは見かけ上の拡大なのか，を区別する必要があります。前者の拡大は，確実に生産レベルが上がっていることを示しています。しかし，後者の拡大は単なるインフレーション（以下，インフレ）であって，生産レベルは停滞したままです。そこで，**表1-1**を参照しながら，両者の違いを説明しましょう。

　たとえば，日本株式会社は自動車だけを生産している会社だとしましょう。ある年（基準年次：t年）の生産台数が1000万台で，1台当たりの販売価格が200万円ならば，t年のGDPは200万×1000万＝20兆円になります（ここでは仕入額を無視します）。そして，翌年（比較年次：$t＋1$年）の生産台数が1100万台へと増産され，販売価格が変わらなければ（**表1-1**のケース①），$t＋1$年の

表1-1　名目GDPと実質GDP

	t年 (基準年次)	t+1年（比較年次）		
		ケース①	ケース②	ケース③
生産台数	1000万台	1100万台	1000万台	1050万台
販売価格	200万円	200万円	220万円	210万円
名目GDP	20兆円	22兆円	22兆円	22兆円
名目成長率	──	10%	10%	10%
実質GDP	20兆円	22兆円	20兆円	21兆円
実質成長率	──	10%	0.0%	5.0%
デフレータ	100	100	110	105

GDPは22兆円となり，t年よりも生産台数が100万台，金額にして2兆円増えたことになります。

　ところが，ケース①とは逆に，生産台数は変わらず，販売価格が値上がりして1台当たり220万円になったとしましょう（表1-1のケース②）。この場合でも，t+1年のGDPは220万×1000万＝22兆円となって，ケース①と同じ金額になります。つまり，生産台数だけが増加しても，あるいは販売価格だけが上昇しても，いずれのケースでもGDPの大きさ自体は同じになってしまうのです。両者の違い──つまり，冒頭のように，このGDPの拡大が生産レベルの向上を意味するのか，インフレを意味するのか，を区別するために，GDPは名目値と実質値に分けて表示されます。

　(1)名目GDPでは，各年の生産数量×各年の販売価格の合計額で示されるため，両者の違いを識別することはできません。

　(2)そこで，生産物の値上がり（インフレ）を考慮して，名目GDPを修正した値が実質GDPになります。この修正因子がGDPデフレータ（総合物価指数）です。名目GDPをGDPデフレータで除すと，実質GDPが得られます。

　GDPデフレータは，基準となる年の物価水準を100として，比較する年の物価水準を換算した値です。たとえば，自動車価格が値上がりしたケース②についていえば，t年を基準年次とすると，t+1年のGDPデフレータは（22÷

20) × 100 = 110 になります。したがって，t + 1 年の名目 GDP は 22 兆円でしたが，実質 GDP は 22 兆円 ÷ 1.10 = 20 兆円となり，t 年の GDP と等しくなります。

　言い換えれば，実質 GDP は基準年次の販売価格で比較年次の生産数量を金額表示した値です。ケース②では，200 万円 × 1000 万台 = 20 兆円になります。すなわち，生産台数が増えなかったので，実質 GDP が変わらないのは当然でしょう。

　以上をまとめると，

　　　GDP デフレータ ≡ （名目 GDP ÷ 実質 GDP）× 100

になります。

　ちなみに，ケース③は，ケース①とケース②の中間で，自動車の生産台数も 50 万台増え，販売価格も 10 万円値上がりした状況を表わしています。この場合，t + 1 年の名目 GDP は約 22 兆円ですが，GDP デフレータは（210 ÷ 200）× 100 = 105 と計算されるので，実質 GDP は 22 兆円 ÷ 1.05 ≒ 21 兆円となり，t 年の GDP よりも大きくなっていることが分かります。

GDP デフレータは「固定基準方式」から「連鎖方式」へ

　GDP デフレータは総合物価指数と呼ばれるように，すべての財貨・サービスの平均価格を表わしています。平均価格が上昇しているときはインフレですが，逆に下落しているときはデフレーション（以下，デフレ）と呼ばれます。日本経済は 90 年代半ばからデフレを経験してきました。さらに，近年の情報通信（IT）革命によって関連製品の性能が著しく向上したため，品質調整に伴う製品価格の下落率も大きくなりました。また，インターネットの普及によって情報のタイムラグが小さくなったため，競争的な経済社会に近づき，それが GDP デフレータにも大きな影響を与えています。

　たとえば，製品価格は基準年次と変わらなくても，性能が 2 倍になれば比較年次の価格を半値と見なして計算してきました。ところが，基準年次を固定したままにしておくと，時間が経過するにしたがって価格の下落幅が大きい品目

の影響が強く出てくるという欠点があり，GDPデフレータが生活実感とかけ離れるようになってきたのです。

表1-2　パソコンの生産台数と販売価格（仮設例）

	t年	$t+1$年	$t+2$年
生産台数	1000万台	2000万台	4000万台
販売価格	20万円	10万円	5万円

そこで，GDPデフレータを計算する場合，従来の「固定基準方式」をやめて，2004（平成16）年から基準年次を毎年更新していく「連鎖方式」に変わりました。

そこで，固定基準方式と連鎖方式の違いについて仮設例を使って簡単に説明しましょう。いま，3年間の自動車の生産台数も販売価格も変わらず，20兆円だとします。一方，パソコンの生産台数と販売価格は**表1-2**のように推移したとします。

仮設例では，パソコンの生産額（＝生産台数×販売価格）は3年間とも同じ2兆円になります。したがって，自動車とパソコンを生産している日本株式会社の名目GDPは，いずれの年も22兆円になります（仕入額は無視します）。

固定基準方式によると，パソコンの実質値は基準年次（ここではt年）の販売価格で評価されるため，$t+1$年が4兆円（＝20万円×2000万台），$t+2$年が8兆円（＝20万円×4000万台）になり，実質GDPは24兆円（$t+1$年）および28兆円（$t+2$年）になります。その結果，GDPデフレータは，それぞれ$t+1$年が0.917（＝22/24）×100＝91.7，$t+2$年が0.786（＝22/28）×100＝78.6と計算されます。

さて，連鎖方式による計算ですが，基準年次の代わりに前年の価格で評価します。そこで，連鎖方式で求めた実質GDPですが，$t+1$年は前年（t年）の価格で評価するため固定基準方式と同じ24兆円です。しかし，$t+2$年ではパソコンの実質値は前年（$t+1$年）の販売価格で評価するため4兆円（＝10万円×4000万台）になり，自動車を加えた実質GDPは24兆円です。そのため，$t+1$年と$t+2$年の値からもとめた$t+2$年のGDPデフレータは同じく22/24×100で91.7になり，連鎖方式で求める$t+2$年目のGDPデフレータは，0.917×0.917×100＝84.1と計算されます。したがって，固定基準方式で求められ

た $t+2$ 年目の GDP デフレータ (78.6) よりも下落率は小さくなることが分かります。

固定基準方式から連鎖方式に切り替えられたのは最近のことなので，内閣府による GDP データは基準年次方式と連鎖方式の両方で公表されています。

経済成長は GDP の伸び率

かつて日本経済は「インフレなき繁栄」と謳われたことがありました。このスローガンの意味するところは，名目 GDP と実質 GDP との間にギャップがない状態で，かつ GDP が大きくなっていくことです。そこで次に，GDP の伸び率を考えていくことにしましょう。

GDP の増加率は，経済学では経済成長率と呼ばれていますが，これは人間の身長の伸び方とか体重の増え方にたとえられます。そして，経済成長率（GDP の伸び率）は次の式を用いて計算されます。

$$経済成長率 = \{(今年の GDP - 前年の GDP) / 前年の GDP\} \times 100$$

2009 (平成21) 年の名目 GDP は474兆円で，2010年が479兆円でした。したがって，2010年の名目成長率は，$(479 - 474) \div 474 \fallingdotseq 0.011$，すなわち1.1％になります。

同じ方法で，GDP デフレータの変化率（インフレもしくはデフレの進行度）を求めることができます。この GDP デフレータの変化率は，GDP の成長率とは次のような関係を持っています。

日本株式会社の純売上高の伸びは，実質的な生産の伸びと物価の変化分との合計です。すなわち，

名目GDPの成長率 ≒ 実質GDPの成長率 ＋ GDPデフレータの変化率

の関係になっています。

【公式1-2】名目および実質成長率の関係

ちなみに，2010（平成22）年の実質成長率は3.3％だったので，その年のGDPデフレータの変化率は－2.2％（＝1.1－3.3），すなわち，物価が下落したことが分かります。

1.3 日本経済とGDP

経済の本当の姿――名目GDPと実質GDP

　日本経済は復興期を経て，1960年頃から高度成長が始まりました。そして，70年代の初めに高度成長期が終わり，経済的に豊かな成熟期を迎えました。その絶頂期が80年代後半のバブル経済でした。ところが，90年代になってバブル（泡沫）がはじけ，長い不況の時代に突入しました。その間，「失われた10年」とか「失われた15年」とか呼ばれていましたが，ようやく日本経済に景気回復の燭光が射し始めた矢先に，リーマン・ショックが発生したのです。2008年9月15日にアメリカの投資銀行リーマン・ブラザーズが多額の負債を抱え込んで破綻しました。これが金融危機を引き起こし，100年に一度といわれる世界同時不況へとつながっていったのです。この世界同時不況が日本経済にも波及し，名目成長率も実質成長率もマイナスに転じました。

　図1－2では，1981（昭和56）年以降の日本の名目および実質成長率の動きが描かれています。高度成長期には，実質成長率は年平均10％以上の数字を示していました。ところが，それ以降，実質成長率は半分以下に低下し，1980年代は年平均4.1％でした。そして，90年代に入ると平成不況に突入し，成長率は大きく低下しました。すなわち，実質成長率は年平均1.5％と，80年代の半分にも満たない低成長に日本経済は喘いできたのです。さらに，2000年代になると実質成長率は年平均1％以下のきわめて低い水準で推移してきました。

　一方，名目と実質の成長率の差であるGDPデフレータの変化を見ますと，高度成長期にはインフレもまた速いスピードで進行し，ほぼ7％の高い数字を示していました。しかし，70年代後半から徐々に収まり，80年代のインフレ率は年平均2.2％の低い値になりました。90年代になって，さらに低下し続けました。そして，注目すべき現象は，1995（平成7）年に初めて実質成長率

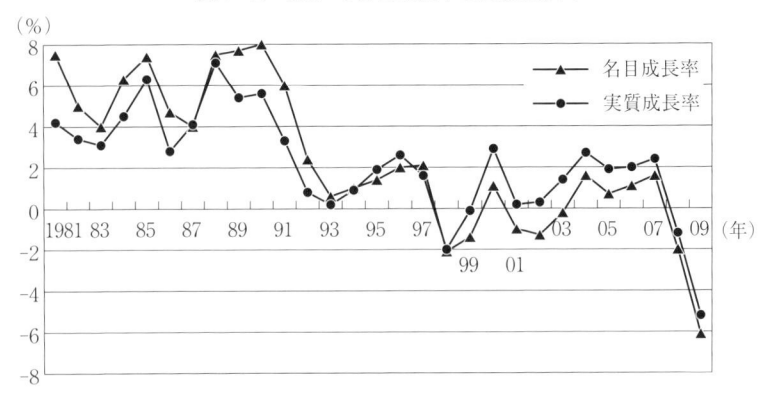

図1-2 GDPの名目成長率と実質成長率

(出所) 内閣府SNAホームページ (固定基準年, 93SNA)。

(1.9%) が名目成長率 (1.4%) を上回ったことです。その後, 1997年を除いて毎年, 実質成長率が名目成長率を上回り, デフレ時代が到来したのです。

経済活動が活発になるのは, モノの値段が全般的に上がり, 値上がりが当分続くと人々が予想しているからです。すなわち, 人々がインフレ・マインドを抱いているときです。こんなときには, 実質成長率も高くなると考えられています。言い換えると, "モノを作れば売れる" という意識がいったん経済人の中に根づくと, カネ回りがよくなり, 景気が好転していくことになるのでしょう。この適度なインフレ・マインドの形成と実質成長率の伸びとがうまく回転したのが高度成長期でした。その時期に, 物価も地価も賃金も上がり続け, 日本経済の特徴となる「右肩上がりの神話」が形成されたのです。名前の由来ですが, 物価・地価・賃金を縦軸に, 時間を横軸に表わして動きを図示すると, 右上方に向かった図が描かれます。すなわち, 時間とともに増加する曲線で描かれるため「右肩上がり」と名づけられています。

しかし, 90年代に入ると株価が下がり始め, 地価や物価にも波及して神話が崩れだしました。デフレになるとモノが売れなくなり, 企業は値下げ競争を始めます。そして, 企業は生き残りをかけて, 賃金・給与の引き下げや従業員の解雇など, いわゆるリストラ (再構築) で不況を乗り越えようとしたのです。

一方，リストラにあった従業員は生活水準を下げざるをえなくなります。その結果，モノの売れ行きがさらに悪化するため，企業のリストラに拍車がかかります。このような悪循環に陥るのがデフレ・スパイラルと呼ばれる状態です。この状態が90年代末頃から日本経済を襲ったのです。

GDPに社会が見える

日本株式会社はもちろん自動車だけでなく，農産物・鉄鋼・電気機器・精密機械・建設・電力など，あらゆる分野で事業を展開しています。欧米諸国とて同じです。ただ，時代によって，また各国の事情によって，事業分野のウェイトには違いがあります。その間の違いを調べるために，多数の産業を大きく三つに分類することから始めましょう。

大分類された産業は，それぞれ第一次・第二次・第三次産業と呼ばれています。
- 第一次産業には農林業，水産業が，
- 第二次産業には鉱業，製造業，建設業が，
- 第三次産業には流通業，金融業，運輸業，不動産業，その他のサービス業が含まれています。

すべての産業を大きく三つに分ける基準は，生産技術の特徴に由来しています。第一次および第二次産業では財貨（有形のモノ）が，第三次産業ではサービス（無形のモノ）が生産されます。さらに，第一次産業の生産には土地（森林・水産生物などの天然資源を含む）が重要な役割を果たしています。また，第二次産業と第三次産業の違いは，前者が資本集約的（機械化しやすい分野）であり，後者が労働集約的（機械化しにくい分野）な技術を特徴としている点です。最近では，第三次産業を単なるサービス産業とし，情報・知識産業を別にして第四次産業と名づけている場合もあります。

各産業をこのように分類したとき，産業ごとのGDPのシェアや就業者数の割合に関して，経験的にある法則を見出すことができます。この法則は17世紀にイギリスの経済学者ウィリアム・ペティによって最初に指摘されました。その後，20世紀になって，イギリスの経済学者コーリン・クラークが，各国

の就業者構造に関する統計データを用いて，ペティの主張を立証しました。そのため，二人の名前を冠してペティ＝クラークの法則と呼ばれています。

> 経済が発展していくにつれて，農地が少なくなり，工場も無人化され，情報関係やレジャー・リゾート関係などのサービス部門が拡大していきました。

【公式1-3】ペティ＝クラークの法則

　日本経済もペティ＝クラークの法則が示す方向へと発展してきました。明治初期，わが国の農業人口は全体のおよそ80％を占めていました。ところが，この比率は一貫して減り続け，高度成長期の終わり頃には20％を割ってしまったのです。そして，現在では，農林・水産業に従事している人はごくわずかです。その結果，GDPに占める第一次産業の割合も，図1-3で表わされているように1.2％です。

　一方，第二次産業の就業者数は，明治維新以来の「殖産興業」政策を背景に，着実に増え続けました。そして，重化学工業が花形であった高度成長期には，就業人口比率はピークを迎え，30％台で推移しました。ところが，現在は産業の特徴も重厚長大に代わる軽薄短小とか，経済のサービス化・ソフト化，あるいは知識産業の隆盛といわれるように第二次産業の比率も下がり，第三次産業の比率が非常に大きくなっています。GDPの内訳も同じ傾向にあり，前者は約26％ですが，後者は約73％もの大きな割合を占めています。

　このように，第三次産業の割合が非常に大きくなりました。そこで，第三次産業を詳しく見たのが図1-4ですが，卸売・小売が約15％，金融・保険，不動産業が約17％，運輸・通信が約11％，ホテル，外食，レジャーなどのサービス業が約32％，を占めています。たとえば，私たちの普段の生活を眺めてみますと，テレビやビデオを観たり，インターネットで情報検索やショッピングしたり，株式売買で儲けたおカネで外食や旅行を楽しんでいます。かつて食糧事情も悪く，生活必需品にも事欠いた時代と比べると，生活レベルははるかに向上しました。いわゆるアーバン・ライフ（都市生活）を支えている金融・保険，不動産やサービスなどの業種の割合が大きくなりました。

図1-3 GDPの内訳

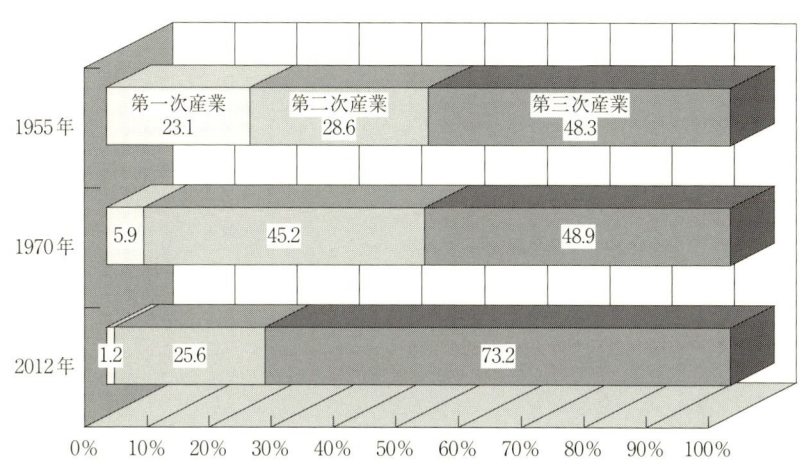

	第一次産業	第二次産業	第三次産業
1955年	23.1	28.6	48.3
1970年	5.9	45.2	48.9
2012年	1.2	25.6	73.2

(出所) 内閣府『国民経済計算年報』(平成22年度版)。

図1-4 第三次産業の内訳 (2012年, %)

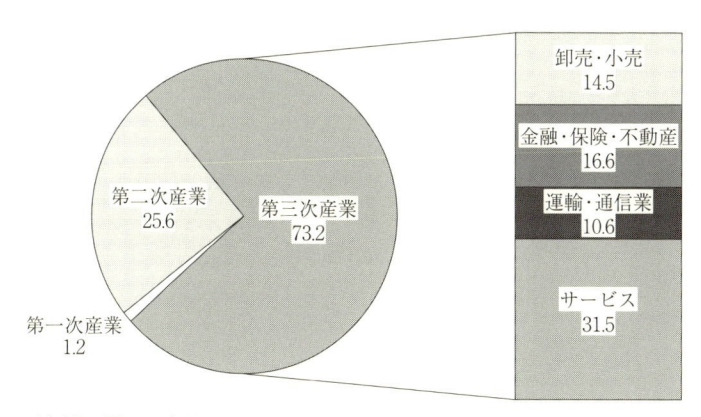

第一次産業 1.2
第二次産業 25.6
第三次産業 73.2

- 卸売・小売 14.5
- 金融・保険・不動産 16.6
- 運輸・通信業 10.6
- サービス 31.5

(出所) 図1-3と同じ。

第1章 GDPとは？　25

1.4 GDPで分かることと分からないこと

GDPは絶対か？

　日本経済の実力を測るものさしが，GDPと呼ばれる統計データでした。ところで，ここまでGDPだけにスポットを当ててきましたが，このGDPは本当に日本経済の実力を正確に映しているのでしょうか。あるいは，日本株式会社の経済活動が豊かさに満ちた望ましい方向へ進んでいるという判断材料になるのでしょうか。最後に，これらの問題について，2, 3のコメントを付け加えて，この章を終えることにします。

GDPの比較に適切な為替レートがない？

　第一に，GDPの国際比較についてです。GDPは，アメリカならUSドル，ドイツやフランスならユーロ，中国なら人民元と各国の通貨単位で表示されます。したがって，国際比較するためには，各国のGDPを同一の通貨単位に換算する必要があります。一般に，GDPはUSドル表示で国際比較されますが，ドル換算する場合に為替レートを用いると問題があります。

　まず，どの時点での為替レートを用いるか，という問題です。たとえ年平均のレートを用いたとしても，為替レートが大きく変動している時期であれば，果たしてそれが適切な為替レートになるかどうか疑問です。

　さらに，為替レートは，農産物・石油・自動車・パソコンなど各国間で取引される貿易財に関してのみの交換レートです。地下鉄・電気・水道・医療サービスといった非貿易財をも含めたすべてのモノの交換レートを反映しているわけではありません。

　また，近年，国際金融市場での金融商品の取引が活発になるにしたがって，為替レートは貿易財の交換レートとかけ離れた相場を形成しています。したがって，GDPの正確な国際比較を行なうためには，別の換算レートを用意する必要があります。

　その一つの方法は，購買力平価という考え方です。これは，A国のモノとB国のモノとが同一種類であれば，同じ値段になるような換算レートです。たと

えば，紳士靴1足が日本では2万円で，アメリカでは100ドルだとすれば，紳士靴の購買力平価は1ドルが200円になります。このような換算をすべての財貨・サービスで計算して，それらの加重平均値を求めたのが購買力平価になります。

一人当たりのGDPでは

　第二の問題は，GDPの大きさそれ自体にあります。いま指摘した換算レートの問題がたとえクリアされたとしても，単にGDPの大きさを比べるだけで，各国の経済的な実力を判定することは可能でしょうか。"チリも積もれば山となる"で，人口の多い国のGDPは絶対額で見ると，少ない国よりも大きくなってしまいます。

　そこで，GDPそのものよりも，国民一人当たりのGDPもしくはGNPが，経済の豊かさを測る尺度として適切になる場合もあります。ちなみに，日本の一人当たりの名目GDPは4万6192ドル（2011年）で，OECD（経済協力開発機構）に加盟している34カ国の中では第14位でした。トップはルクセンブルクで日本の約2.5倍の11万4081ドルです。当然，順位は毎年変わりますが，日本は最近デフレ経済に見舞われているので円表示では一人当たりの名目GDPは下がりました。しかし，1ドル80円前後の円高効果によってドル表示による順位は2010年と同じでした。なお，2000年の順位は第3位でした。

GDPに計上されない取引——専業主婦が日本のGDPを減らす？

　第三の問題は，GDPの定義それ自体に関わっています。すでに説明したように，GDPは日本株式会社が売買取引した結果の記録表でした。言い換えると，そこには市場で取引されたモノしか計上されず，非市場的な取引については原則的に計上されないことになっています。

　また，たとえば専業主婦の家事労働が生み出す価値も，GDPには計上されていません。共稼ぎの夫婦がヘルパーさんを雇ったり，子どもを託児所や保育所に預けたりしたときの支払いは，市場取引になるのでGDPに計上されます。ところが，専業主婦がどんなに家事・育児に精を出しても，GDPには計上さ

れず自家消費と同じ扱いになります。この場合，たとえば欧米諸国に比べて専業主婦の割合が高い日本では，GDPの過小評価になってしまう傾向があります。

逆に，市場取引されていなくてもGDPに計上される項目もあります。たとえば，アパートやマンションを借りていると，月々オーナーに支払う家賃は市場取引のためGDPに算入されます。ところが，自宅に住んでいる人には月々の支払いはありません。そこで，持ち家の場合，同じような場所で同じような家を借りるとすれば家賃がいくらくらいか推計して，「持ち家の帰属家賃」としてその額をGDPに計上します。いうまでもなく，帰属家賃の大きさは推計方法によって幅がありますが，およそGDPの10％前後を占めると見なされています。

無意味な経済取引がGDPを歪めていないか？

非市場的な取引の部分を調整したとしても，まだ問題は残っています。それは，豊かな国民生活を追求していくうえで，すべての市場取引が本当に必要不可欠なものかどうかということです。

たとえば，国民の人数に比べて弁護士の数が多いことは，訴訟件数が多いことでもあります。警察官の数が多いのは，犯罪件数が多いことを，また，税理士の数が多いのは，租税制度が複雑であることを物語っているのかもしれません。すなわち，これらの経済取引が多い場合には，健全な社会では不必要なはずの国民のエネルギーが，無駄な方面に使われているともいえるでしょう。かくして，GDPの増大が国民生活の向上に役立っているのか，それとも，無駄な贅肉をつけているのかを判別することが大切になってきます。

1980年代後半のバブル経済のとき，土地転がしや株式売買で，地価や株価は異常に高騰しました。投機目的によって発生した儲けであるキャピタル・ゲイン（資本利得）は，GDPの項目に計上されません。しかし，土地転がしや株式売買で発生した不動産業者や証券会社の手数料は，取引サービスの付加価値としてGDPに計上されます。だが所詮これなどは，バブル（泡）踊りに興じて束の間に増えたGDPであって，儚い夢の類にしかすぎませんでした。

さらに，GDPは市場取引を対象にしていても，当然のことながら，ブラック・マーケットでの売り買い（闇取引）は除外されています。マフィアやヤクザが扱う非合法な売買取引が，その例に当てはまります。

　最後に繰り返しておきますが，GDPは，原則的には，市場で取引された経済活動によって生み出された付加価値です。しかし，国によって，あるいは時代によっては，GDPに計上されない重要な経済的要因もあります。GDPの統計データは，それらの要因に注意しながら読まないと，実体とかけ離れた判断をくだす恐れがあります。とはいっても，現在のところ，一国の経済的な実力を推し量る最適な指標は，GDPの他にないのも事実です。

第2章　需要とはなにか——内需と外需

2.1　日本経済を需要サイドから見る

買いがあれば，売りがある

　"陰陽道"という術が古来中国から伝わっています。その術によると，万物の流転は陰と陽2種類の気を基にしています。たとえば，日月，昼夜，寒暖，男女等々の相反する性質は，すべて陰陽から発しているというのです。

　この陰陽道を持ち出すまでもありませんが，経済取引の基本は"買うこと"と"売ること"の相反する経済行動から成り立っています。経済学の用語を使えば，買いは「需要」で，売りは「供給」です。そして，健全な自由主義経済とは，需要と供給のバランスの取れた社会を指しています。すなわち，モノの売り切れや売れ残りのない状況です。

　たとえていえば，「需要」と「供給」は車の両輪であり，ともに同じ形，同じサイズでなければ，日本経済という車をスムーズに走らせることが難しくなってしまいます。それゆえに，第1章では供給サイド（GDP）を説明したので，本章では需要サイド（GDE）に目を向けることにしましょう。

　GDPは日本全体の供給額（生産額）を表わす指標でした。一方，日本全体の需要額については国内総支出（Gross Domestic Expenditure：GDE）の概念が用いられます。国内総支出（GDE）の詳しい内容についての説明は後回しにして，

ここでは重要なポイントだけ指摘しておきます。つまり，
● 日本経済が生産（供給）した財貨・サービスは，どこかで誰かに購入（需要）されています。したがって，GDPとGDEは必然的に等しくなります（GDP ≡ GDE）。

そこで，前章の【公式1-1】（15頁）を参照にして，次の公式を導くことができます。

> 日本株式会社の年間純売上高は日本国内にいる人々の年収として分配されましたが，その収入は日本株式会社の作ったモノの購入に充てられます。したがって
>
> 国内総生産（GDP）≡ 国内総所得（GDI）≡ 国内総支出（GDE）
>
> の関係が成り立ちます。

【公式2-1】三面等価の原則

経済活動とは，モノを作り（生産），生活の糧となる所得を稼ぎ（分配），快楽を享受する（支出）プロセスです。したがって，【公式2-1】で示された三面等価の原則とは，日本の経済活動を生産面（GDP）・分配面（GDI）・支出面（GDE）の三つの側面からデータを集計していくと，それぞれの統計データが理論的に一致することを主張しています。これは，いくつかの登山ルートがあっても，最終的にすべてのルートが同じ山頂にたどり着くようなものといえるでしょう。

需要のGDP構成比とは？

毎日，誰かがどこかで日本国内で作られたモノを購入しますが，そのモノに支払った1年間の総支出がGDEです。そこで，どこで購入されるかにしたがって，支出を二つに分けてみましょう。すなわち，

① 日本国内で購入される部分と，
② 外国で（正味で）購入される部分

第2章 需要とはなにか――内需と外需

表2-1　名目GDPと内需・外需 (兆円, %)

	名目GDP	内　需	外　需
2009年	471 (100)	469 (99.6)	2 (0.4)
2010年	483 (100)	477 (98.8)	6 (1.2)
2011年	471 (100)	475 (100.9)	-4 (-0.9)

（出所）　内閣府SNAホームページ（固定基準年，93SNA）。

に分けますと，①は国内需要もしくは内需（Absorbed Demand：AD），②は国外需要もしくは外需（Foreign Demand：FD）と名づけられます。このように分けると，

　　　国内総支出（GDE）≡内需（AD）+外需（FD）

となります。そして，需要と供給は等しい（GDE≡GDP）ので，上の式は，

　　　国内総生産（GDP）≡内需（AD）+外需（FD）

と書き換えることができます。

　2009（平成21）年から3年間にわたる日本経済のGDPと内需・外需それぞれの名目値が，**表2-1**に掲げられています。この表から分かるように，日本の内需のGDPに対する構成比は98％以上です。また，外需のGDPに対する構成比もプラスもしくはマイナス（後で説明しますが，輸出超過もしくは輸入超過を意味しています）になっています。かつて，日米貿易摩擦が生じた1980年代の中頃には，外需の比率が3～4％と高い割合を占めたときもありましたが，それ以降も構成比は小さくなったものの，依然として外需の構成比はプラスのままで推移してきました。ところが，最近ではマイナスに転じたのですが，これが一過性の変化なのかもしくは構造的な変化なのかは，今後注目すべきデータでしょう。

一方，アメリカ経済を眺めてみますと，日本とはまったく逆の様相を示しています。すなわち，1970年代後半から一貫して外需はマイナスの値を続けています。アメリカの外需のGDPに対する構成比ですが，ここ最近ではマイナスの値が益々大きくなる傾向にあり，2006（平成18）年には−5.5％にまで達しました。しかし，その後不況によって輸入が減りました。そのため，2012年には−3.4％まで低下しました。

　この対照的な日米の経済状態ですが，日本では基本的にGDP＞内需の関係にあって，アメリカではGDP＜内需の関係になっているといえます。日本の経済は，生産したモノがすべて日本国内で売りさばけないので，一部は外国で売っている状態です。ところが，アメリカの経済は購買意欲が高くて，国内で生産したモノだけでは足りずに，不足分を外国から買っている状態なのです。

2.2　需要は経済にとってどんな意味があるのか？

内・外需寄与度とは？

　「需要が供給を作り出すのか」，あるいは，「供給が需要を作り出すのか」。これは，タマゴとニワトリのどちらが先かを問うような難しい問題です。いずれにしても，先ほど述べたように，日本経済という車が順調に走行していくためには，需要と供給の両輪がともに故障もせずに回転することが必要不可欠です。そこで，ここではその両輪の回転具合をチェックしてみることにしましょう。

　第1章で説明したように，一方の車輪であるGDPの伸びが成長率でした。この成長率に，もう一方の車輪である内需と外需がどれだけ貢献（＝寄与）しているかを示した指標に「寄与度」があります。このうち，内需の貢献している部分が内需寄与度，外需の貢献している部分が外需寄与度と呼ばれています。内需寄与度が高いと自力自助タイプの経済成長が進行しており，外需寄与度が高いと外国の力を借りて経済成長を遂げていると判断することができます。

内・外需寄与度の導き方

　いま，ある年（たとえば，t年とする）の内需と外需の値をAD_tとFD_tで表わ

し，翌年（$t+1$ 年になる）のそれぞれの値を AD_{t+1} と FD_{t+1} で表わすことにします。すると，内需寄与度の計算は，

$$(AD_{t+1} - AD_t) \div GDP_t$$

の式で，外需寄与度の計算は，

$$(FD_{t+1} - FD_t) \div GDP_t$$

の式で求めることができます。

　先ほど導いた《GDP≡内需＋外需》の関係式から推測できるように，GDPの成長率は内需寄与度と外需寄与度との和になっています。たとえていえば，経済成長率とは身長そのものの伸びですが，内需および外需の寄与度は，頭・胴・足などそれぞれ身体のどの部分が伸びたかを表わす指標と思えばよいでしょう。したがって，経済成長率と内需寄与度および外需寄与度との関係を要約しますと，次の公式で示されます。

　経済成長は国内の自力自助で実現した部分と，外国の助けを借りた部分とに分けることができます。すなわち，

　経済成長率≡内需寄与度＋外需寄与度

の関係にあります。

【公式2-2】経済成長率と内需・外需寄与度

　確認のため，2010（平成22）年の内需と外需の寄与度を計算してみましょう。もう1度，**表2-1**を振り返ってみてください。2009・10年のデータを見ますと，$AD_{09} = 469$，$AD_{10} = 477$，$FD_{09} = 2.0$，$FD_{10} = 6.0$，$GDP_{09} = 471$（単位：兆円）になっています。したがって，内需と外需の寄与度を計算しますと，

内需寄与度 $= (AD_{10} - AD_{09}) \div GDP_{09} = (477 - 469) \div 471 \fallingdotseq 0.017$
外需寄与度 $= (FD_{10} - FD_{09}) \div GDP_{09} = (6.0 - 2.0) \div 471 \fallingdotseq 0.0085$

表2-2 経済成長率と内需・外需寄与度（%）

	名目成長率	内需寄与度	外需寄与度
2010年	2.55	1.70	0.85
2011年	-2.48	-0.41	-2.07

（出所）表2-1と同じ。

図2-1 実質成長率と内外需寄与度

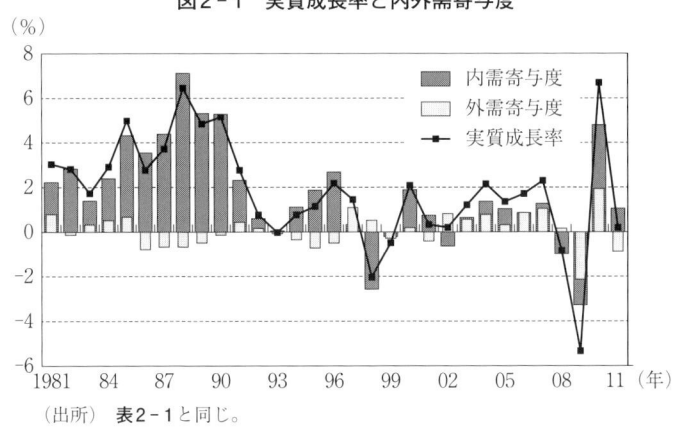

（出所）表2-1と同じ。

になります。すなわち，2010（平成22）年の内需寄与度は1.7％，外需寄与度は0.85％です。

　内需と外需の寄与度から，2010年の名目成長率は2.55％（＝1.7％＋0.85％）であることが確認できました（表2-2を参照）。この数字は，内需が経済成長率を1.7％押し上げ，さらに外需も内需の半分に相当する0.85％押し上げたことを示しています。同じように，2011年を計算すると，内需寄与度は-0.41％，外需寄与度は-2.07％とともにマイナスの値でした。その結果，2011年の日本経済は，2010年に比べると内需も外需も大きく落ち込みました。これは，2011年3月11日に発生した東日本大震災が大きく影響しているからです。

　寄与度は，名目値および実質値いずれの場合も同じ計算方法で求められます。図2-1には，1981年以降の日本経済の実質成長率と内・外需の寄与度が描か

第2章　需要とはなにか──内需と外需　35

れています。それによりますと，1980年代の実質成長率は年平均4.1％で，60年代の高度成長期と比べると半分以下でした。しかし，当時は戦後の日本経済が爛熟期を迎え，「ジャパン・アズ・ナンバー1」と持て囃された繁栄の時代でした。とりわけ，80年代前半の日本経済は，内需・外需寄与度がともにプラスの値で推移しました。要するに，この頃の日本は，国内でもモノがよく売れ，しかも売れ残ったモノを外国へたくさん輸出して自国経済の繁栄を楽しんでいたともいえるでしょう。これが，欧米諸国からの非難の的となり，日本への風当たりが強くなったのです。

このような国際的な動きを背景に，当時の中曽根首相は日本経済を内需拡大型の経済環境へとギア・チェンジしたのです。その結果，80年代後半になると内需寄与度は一層大きくなり，逆に外需寄与度はマイナスとなって，いわゆる「バブル経済」を迎えたのでした。

ところが，1990年の初頭に株価が下落し，それを端緒に資産価格が下がり始めました。バブルがはじけ，平成不況の泥沼に突入したのです。1990年代の実質成長率は年平均1.5％で，80年代のおよそ1/3にまで低下しました。特に，94年から景気が上向き傾向にあったのが，98年に大きく落ち込んで成長率もマイナスの値になってしまいました。その理由は，「財政再建」を唱えていた橋本内閣が，1997（平成9）年に消費税を3％から5％に引き上げたからです。せっかく景気が上向きかけていたところに，冷や水をかけるような政策を採ったので腰折れ状態になってしまいました。

さらに，注目すべき点は，1998（平成10）年の実質成長率のマイナスです。これは戦後日本経済が初めてマイナス成長率を経験した第一次石油ショック以来，24年振りの出来事でした。

そして，21世紀を迎えると，2000年から2008年までの実質成長率は年平均1.2％で，1990年代よりも低い経済成長を続ける状況になってしまいました。これが「失われた15年」と評されるゆえんです。さらに，2009年の実質成長率は−5.5％と大きく低下したのですが，この大幅な低下は「100年に1度」といわれるリーマン・ショック後の世界同時不況に見舞われたからです。

2.3 「内需」を理解する

内需の項目(I)——支出するのは誰か？

「市場主義」とか「民営化」という言葉を耳にすることがあります。その場合，経済運営の原動力として，「市場経済」や「民間活力（民活）」が必要不可欠と見なされています。市場経済は，日本や欧米など自由主義諸国で長く普及している基本的な経済システムです。ところが，いまでは，ロシア・東欧諸国や中国も盛んに市場システムを取り入れています。このように，民間の経済活動を重要視する市場経済が，経済運営に大きな役割を果たしています。しかし，近代社会では，政府の活動も無視できないほど市場経済に深く入り込んでいます。そのため，経済活動を民間部門と政府部門の二つに分けて考えていく必要があるでしょう。

内需は国内需要を意味していますが，その内需も需要者が国内の誰であるかによって，二つに区別されます。すなわち，(1)民間支出と(2)政府支出です。

(1)の民間支出は自由主義の根幹部分ですが，(2)の政府支出はいわゆる財政政策の重要な役割を担っています。それでは，なぜ(1)と(2)を区別するのでしょうか。

その理由の第一は，民間部門における経済行動の目的と，政府部門におけるそれとはまったく異なるからです。たとえば，有名私立学校や学習塾と公立学校における教育サービスの違いを考えてみてください。前者は有名校への進学率が重要なポイントになりますが，後者では，子どもたちに社会性を身につけさせることや教養・知識の習得が大事な教育目的になります。このように，一般的に，民間の経済活動は，利潤の追求や快楽の享受といった私利私欲の部分を抜きにして語ることはできません。ところが，政府支出の目的には，社会的弱者の救済や景気の浮き沈みを緩和させる政策的な意味合いがあります。

第二に，民間の商業ベースには乗りにくいですが，経済活動には欠かせない重要なモノがあります。たとえば，警察・消防・司法・外交活動，あるいは一般道路やダム・排水路・護岸工事などです。これらのモノを民間業者が生産して販売しようとしても，多額のコストがかかるだけで，不特定多数の利用者か

ら代金を徴収しようとするのはまず無理です。これらは公共事業の形でしか実現しえない性質のモノといえましょう。もっとも，近年では公共施設や有料道路のようにPFI (Private Finance Initiative) という形で民間資金を導入している領域もあります。

　第三に，人権や生命に関わるモノや日常生活に欠かせないモノは，政府（もしくは公的機関）の管轄下に置かれます。たとえば，裁判官・検察官・弁護士や医師・薬剤師などの職業は，国家認定機関の資格を必要とします。また，ガス・水道・電気・交通などは，公共料金の形で認可を受けたり届出が必要になっています。

内需の項目(II)——支出するのは何か？

　誰が国内需要者になるかで，内需を民間支出と政府支出に区別してきました。そこで次に，どのような種類の国内需要かによって，①消費支出と②投資支出の二つに区別することもできます。

　①の消費支出には，食品，衣料，水道光熱，交通，教育，保険，医療と，文字通りあらゆる財貨・サービスを含んでいます。経済活動の最終的な目的は消費活動であり，各家庭は快適な日常生活を過ごすためにモノを購入しています。したがって，①は最終消費支出とも呼ばれています（ただし，住宅の購入に関しては，住宅投資の項目に分類されています）。

　②の投資支出は，俗にいう不動産投資とか，特定銘柄の株式に投資するとかを意味していません。むしろ，物的な資本の購入，すなわち，機械設備の購入とか，工場や研究所の建設などを指しています。たとえば，トヨタやホンダの車を，個人がドライブや旅行を楽しむために，乗用車として購入すれば①の消費支出になります。ところが，タクシー会社や宅配便業者が輸送サービスを産み出すために，営業車として購入すれば②の投資支出に含まれます。したがって，大ざっぱにいえば，家計の支出額は消費支出，企業の支出額は投資支出と見なしても差し支えありません。ただし，企業がゴルフや飲食などに使う接待費，あるいは社員の出張費はすべて家計外消費支出の項目に計上されます。

　以上で誰が需要し，また，どのような内需があるのかを説明してきました。

表2-3　内需の項目

どんな＼誰が	(1)民間支出	(2)政府支出
①消費支出	民間最終消費支出（C_P） 　耐久消費財 　非耐久消費財	政府最終消費支出（G_C）
②投資支出	民間投資支出（I_P） 　(a)民間住宅 　(b)民間企業設備 　(c)民間在庫品増加	政府投資支出（G_I） 　(d)公的固定資本形成 　(e)公的在庫品増加

　これら，国内需要者（民間部門と政府部門）と内需の種類（消費と投資）とを組み合わせると，**表2-3**のように4通りに分類できます。そこで，次に，各項目の内訳を眺めてみることにしましょう。

　(1)まず最初に，先ほど説明したように，民間最終消費支出（Private Consumption：C_P）にはあらゆるモノが含まれています。ただ，その中でも，自動車とかテレビとかCDプレーヤーなどを買う動機は，本体そのものが欲望の対象ではなく，それから引き出される利便さや娯楽を享受することが目的になっています。したがって，投資に分類される住宅購入との本質的な差異はありません。しかし，慣例上，自動車やテレビやCDプレーヤーなど長期にわたって使われる財貨は，投資には含めず耐久消費財と呼んでいます。そして，食品・衣料・日用品などの非耐久消費財と区別されています。

　(2)民間投資支出（Private Investment：I_P）の内訳は，(a)民間住宅，(b)民間企業設備，(c)民間在庫品増加になっています。(a)と(b)の項目については既述しましたので，改めて説明するまでもありません。(c)は在庫投資ともいいますが，これは，顧客のニーズに速やかに対応できるように企業が用意している手持ちの商品や，あるいは売れ残った商品を指しています。この在庫水準の推移が，景気の先行きを占う指標になることがあります。たとえば，原油に大きく依存している日本経済では，経済人が原油の備蓄量の動きに敏感にならざるをえないことはいうまでもありません。

(3)政府最終消費支出（Government Consumption：G_C）には，国防上あるいは消防上必要な支出，小学生に無料配布する教科書の購入，代議士や公務員に支払う給与などが該当します。すなわち，政府消費はソフトへの支出，次に取り上げる政府投資はハードへの支出ということができます。

(4)最後に，政府投資支出（Government Investment：G_I）は，(d)公的固定資本形成と(e)公的在庫品増加に分けられます。(d)は基本的に，民間投資支出の(a)や(b)と同じですが，その内容は道路・ダム・橋・上下水道の建設のような産業基盤・生活基盤（インフラストラクチャー）を整備するための投資です。したがって，(d)は社会資本の充実に向けられた投資といえます。日本は経済大国ではあっても生活大国ではないと評されるとき，この社会資本の貧弱さがしばしば引き合いに出されることがあります。たとえば，下水道の普及率や一人当たりの公園面積，少子・高齢社会において欠かせない保育施設や老人介護ホーム，あるいは，文化施設の貧弱さや歩行者優先道路の不備などが挙げられます。次の(e)も民間投資の(c)に対応しています。たとえば，政府が買い上げたコメや海外から輸入している小麦が余れば，それは公的在庫投資の項目に計上されます。

ここまで長々と，内需の項目を説明してきましたが，以上を要約すれば次のようになります。

$$\begin{aligned}内需（AD）&\equiv 民間支出＋政府支出\\&\equiv 民間最終消費支出（C_P）＋民間投資支出（I_P）\\&\quad ＋政府最終消費支出（G_C）＋政府投資支出（G_I）\end{aligned}$$

日本経済における内需の移り変わり

そこで，日本経済において，国内におけるこれらの需要比がどのように移り変わってきたかを，1980（昭和55）年からたどっていくことにしましょう。

図2－2に描かれているように，まず第一に，民間支出の割合は75％から80％の間で推移してきています。そして，内需の項目中，最も高い比率を示しているのが民間消費支出比率（C_P/AD）で，54％から60％です。もう少し詳しく

図2-2 内需項目の比率（名目値）

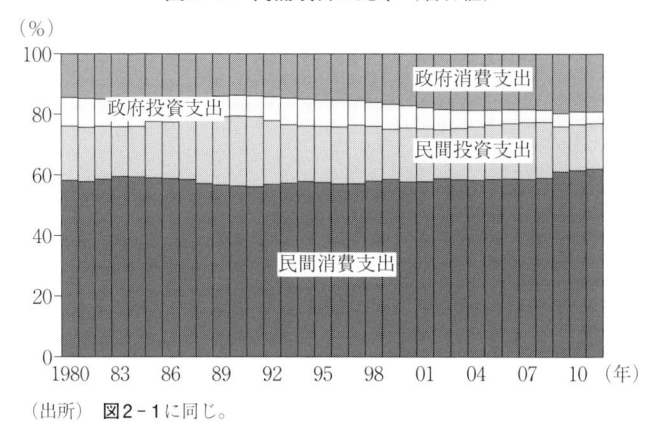

(出所) 図2-1に同じ。

見ますと，1983（昭和58）年には57％を超えていたのですが，それ以降1991（平成3）年まで下がり続けました。そして，1990年代の平均比率は55.8％と少し低下しました。ところが，2000年よりやや回復基調にあり2000年代の平均比率は58.5％と，およそ3％ポイント上昇しました。また，政府消費支出比率（G_c/AD）も民間消費支出比率と同じように，1987年から下がり続けました。ところが，90年代は一転して増加傾向にあり，年平均15.0％と80年代よりもおよそ1％ポイント増えました。ちなみに，2000年代の平均比率は18.5％で，2010年の比率は20.0％でした。

民間投資支出と政府投資支出を合わせて国内総固定資本形成（$I = I_P + G_I$）と名づけられています（正確には，民間および公的在庫品増加は除きます）。内需におけるこの比率（I/AD）自体も，1980年代は年平均30.0％，90年代は29.2％と，1％ポイント弱落ち込みましたが，それほど大きく変動していません。ところが，民間投資比率（I_P/AD）はそれ以上に変動していました。たとえば，日本経済がバブルに酔いしれた1986〜1990年の年平均は23.7％だったのが，90年代の不況期には20.6％とほぼ3％ポイントも落ち込みました。したがって，この変動部分を政府投資支出がカバーしたのですが，完全にはカバーしきれていませんでした。すなわち，政府投資支出（G_I/AD）は，バブル期には

第2章 需要とはなにか——内需と外需

図2-3 投資比率（名目値）

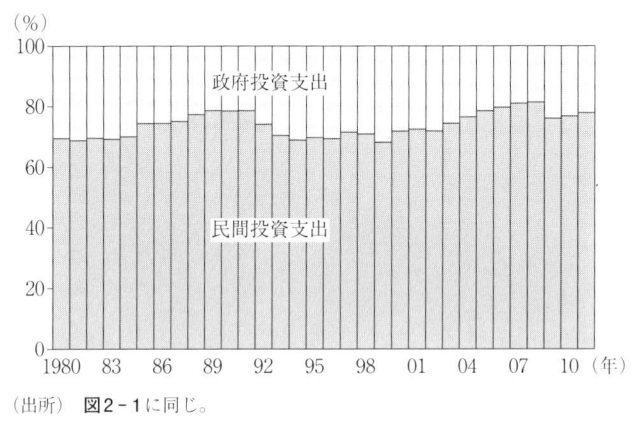

7.1％だったのが，不況期には8.2％と1％ポイントしか増えませんでした。このような民間投資支出と政府投資支出の変動については，**図2-3**で描かれています。

　要約しますと，内需の項目を80年代のバブル期と90年代の「失われた10年」を比べてみますと，民間消費支出はほぼ安定して推移しました。ところが，国内総固定資本形成が1％ポイント減少し，それに対して政府消費支出がほぼ1％ポイント増加したことになります。

　景気は循環しますが，その大きな要因の一つに投資支出の変動があります。もし政府投資が民間投資の変動部分を調整しなければ，景気循環の波は現実よりもずっと大きくなっていたでしょう。したがって，政府投資は内需の項目①で説明したように，社会資本を充実させるだけでなく，景気の波があまりに大きくふれるのを抑え安定させる役割を担っているのです。

2.4 「外需」を理解する

外需の項目

　内需には，①日本国内での日本製品への需要だけでなく，②日本国内での外

国製品への需要も含まれています。ところが，第1章で説明したように，GDPは日本製品の供給（生産）を表わしていました。そして，生産されたものは国内外で売れるわけですから，同じように，需要サイド（国内総支出：GDE）も「国内と外国での日本製品への需要」になっているはずです。

　外需とは文字通り，外国における日本製品の需要，つまり，日本にしてみれば輸出になります。しかし，正確にいえば，外需は輸出と同じではありません。その理由をまず定義から説明しましょう。

　　　GDP ≡ 日本製品の供給

　　　GDE ≡ 内需 + 外需

　　　　　≡ ①日本国内での日本製品への需要 + ②日本国内での外国製品への需要

　　　　　　+ ③外国での日本製品への需要 − ④日本国内での外国製品への需要

とすれば，GDP ≡ GDE になります。ところが，①+②が内需になるので，外需の内容は③−④（いうまでもなく，②=④です）で表わされます。ここで問題なのは外需が③−④となることです。

　内閣府の「国民経済計算」によると，外需は財貨・サービスの純輸出と呼ばれています。純輸出と定義されている理由は，外需の内容が③と④の差額で表わされているからです。そこで，③と④の項目をもう少し詳しく説明することにしましょう。

　③の項目には，自動車や電気機器など財貨の輸出と貿易に関わる輸送費や保険料，あるいは海外旅行などのサービス取引による収入も含まれています。たとえば，外国人が日本に観光旅行にくるとき，日本の旅行業者に交通費や宿泊料を払い込むとサービス輸出になります。反対に，④の項目は③の裏返しで，原油や食料品など財貨の輸入と日本人が海外旅行するときのサービス取引です。そこで，海外との取引を財貨の取引とサービスの取引に区別して，

　(a)財貨の輸出と輸入の差額を貿易収支

　(b)サービス取引による収入と支出の差額をサービス収支

とそれぞれ名づけると，外需は(a)貿易収支に(b)サービス収支を加えて定義されます。すなわち，

第2章　需要とはなにか——内需と外需

$$外需\,(FD) \equiv (財貨の輸出+サービスの輸出) - (財貨の輸入+サービスの輸入)$$
$$\equiv 貿易収支+サービス収支$$

の関係になります。

　以上の説明から分かるように，GDE は財貨・サービスの輸入を調整して定義されるので，用語と内容の不一致が生じ混乱させることがあります。このような混乱を避けるため，最近，「国民経済計算」では呼び方を変え，GDP は国内総生産（生産側），そして GDE は国内総生産（支出側）という用語が使われています。

　ここまでの説明を踏まえて，《GDP ≡ 内需 + 外需》の関係を用いると，アブソープション・アプローチと名づけられている公式を得ることができます。

貿易・サービス収支 ≡ GDP − 内需
　　　　　　　　　 ≡ GDP − （民間消費＋民間投資＋政府支出）

【公式2-3】アブソープション・アプローチ

　【公式2-3】から導かれる経済的な結論は，
● GDP が内需より大きければ貿易・サービス収支は黒字になり，
● GDP が内需より小さければ貿易・サービス収支は赤字になります。
したがって，GDP に比べて内需が不足すると，国内で売り切ることのできない余剰生産物を海外で売ろうとするため，輸出に拍車がかかります。その結果，貿易・サービス収支の黒字が大きくなってしまうのです。

　国際収支の統計内容が現在のような形になったのは，1996（平成8）年のことでした。このときから貿易・サービス収支と所得収支の合計が経常収支となりました。そして，所得収支は，①日本人や日本企業が海外から受け取った所得（日本への送金）と，②外国人や外国の企業が日本から受け取った所得（外国への送金）の差額で定義されました。旧形式では，外需 ≡ 経常収支でしたが，改定形式では所得収支が経常収支に移されたことになります。

　このように，統計の内容がときどき変更されるので，注意する必要がありま

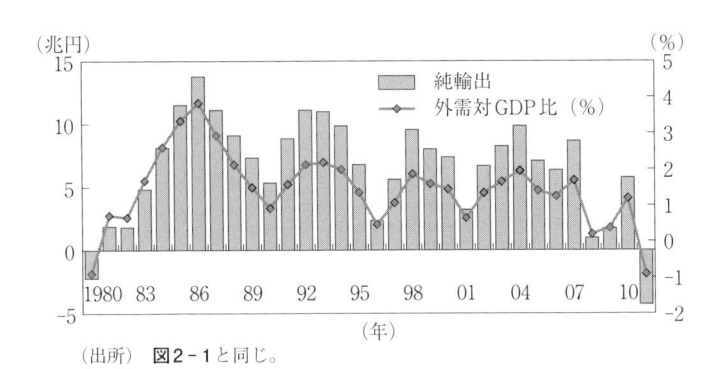

図2-4 純輸出および外需の対GDP比の推移（名目値）

(出所) 図2-1と同じ。

す。ちなみに、"経常"とは毎年継続して変わらないことを意味しています。しかもこの数年、外需に含まれない所得収支が大きくなり、経常収支の黒字を支えるようになっています。そのことについては第4章（69～85頁参照）で説明します。

日本経済における外需の移り変わり

1970（昭和45）年以降、日本経済は基本的に「GDPが内需より大きい」状態を保ちつつ推移してきました。図2-4には、財貨・サービスの純輸出（＝外需）の大きさそのものと、外需の対名目GDP比率が描かれています。財貨・サービスの純輸出は1983年から急に増え続け、1986年には13兆円超にも達しました。その後、日本経済は政府の内需拡大政策によって減少したのですが、1990年代の平成不況になって再び増え続けたのです。

ところで、日本と欧米諸国の間で貿易摩擦が生じた1980年代中頃、外需の対名目GDP比率はピーク時点で3.9％でした。しかし、90年代になると上昇の局面や、低下の局面を繰り返しています。全体的には、前半は年平均1.9％だったのが、後半は年平均1.3％とやや小さくなってきました。そして、2000年代になると、再び上昇傾向にありました。これは、アメリカや中国をはじめとする世界経済が好景気にあったため、日本からの輸出が好調だったからです。

第2章 需要とはなにか——内需と外需

特に，中国経済が台頭してきたため，中国とアメリカの間で新たな貿易摩擦が生じてきたのです。しかし，2008年のリーマン・ショックを引き金に生じた世界同時不況によって，純輸出は大きく減りました。と同時に，日本の貿易構造も大きく変貌してきたのですが，これについては改めて第4章で説明します。

第Ⅱ部
日本経済の需要サイド

Ⅱ

第1章のGDPと第2章のGDEは，日本経済全体のサイズを示した俯瞰図ともいうべきものでした。いわば1枚のコイン（＝日本経済のサイズ）を表側（＝供給サイド）と裏側（＝需要サイド）から眺めているようなものでした。
　ところで，経済は生きものです。日本経済のサイズは日々刻々変化しています。その変化の度合いはGDPの成長率で示されました。しかし，GDPの拡大は経済活動の結果です。そこで，どのような経済活動が，どのようなチャネルを通じて，経済のサイズに影響を与えるのかを明らかにする必要があります。
　自由主義体制の主な経済活動の場は「市場経済」です。そこでは，好きなときに，欲しいだけ売ったり，買ったりすることができます。それが法人企業であれ，個人事業主であれ，自由業者であれ，自らのアイデアと才覚を駆使して，ビジネスに邁進することができるのです。個々の責任のもとで，成功すれば報酬を手にし，失敗すれば損失を被ることになります。
　しかし，市場経済といえども，まったくの好き勝手に生産・販売しているわけではありません。儲かる見込みがなければ，あるいは商業ベースに乗らなければ，経営者は事業に着手しないでしょう。そして，商業ベースに乗るか否かは，採算が取れるだけのオーダー（注文）がくるかどうかです。すなわち，買い手が見つかるか，あるいは経済学の用語でいえば，"需要"があるか否かに関わっています。
　第Ⅱ部では，日本経済の需要サイドの動きを説明していくことにしましょう。そこで，日本経済の総需要を構成する項目（GDE）である民間消費支出，民間投資支出，政府支出および外需を取り上げます。まず，第3章では，消費支出と投資支出を決める要因を，第4章では，輸出と輸入の動きを，第5章では，政府の財政支出と社会保障の問題を考えていくことにします。

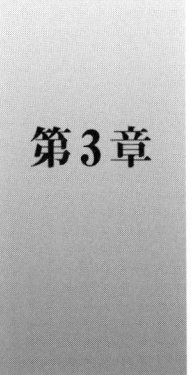

第3章　民間の消費・投資

3.1　日本の消費の姿が見える

煙あれば火あり

　気象用語の中に，エルニーニョ現象とかラニーニャ現象とか呼ばれる気象変化があります。いずれも異常気象を意味しています。このような異常気象は，ときとして，経済活動にも影響を及ぼすことがあります。

　たとえば，エルニーニョ現象とは，南米ペルー沖の海水温度が高くなる現象を指しています。反対に，海水温度が低くなる現象がラニーニャ現象です。このエルニーニョ現象が発生すると，ペルー沖のプランクトンが死んでしまい，イワシが不漁になります。すると，飼料の原料がイワシから大豆に代わり，アメリカでは大豆の値上がりを引き起こします。その結果，大豆を輸入している日本では豆腐の値段が高くなってしまいます。

　このように，"エルニーニョ現象"という原因と，"豆腐が高くなる"結果までのプロセスを知ることが，経済の動きを読むカギになってきます。すなわち，この見えない部分のベールを剥がしていくことが，第Ⅱ部と第Ⅲ部の課題です。そこで，まず最初に，民間部門の需要に影響を及ぼす原因を探っていくことにしましょう。

なにが消費のサイズに影響を与えるのか？

　第2章の**図2-2**（41頁参照）から分かるように，内需に占める民間支出の割合は75％から80％の間で推移しています。したがって，日本経済の行方は，民間消費支出の動向や企業の投資動向に大きく左右されることになります。そこで，本章では，その民間の消費支出や投資支出を決定するものはなにかという問題を探っていくことにしましょう。

　まず，消費支出から始めます。消費支出が堅調か，それとも冷え込んでいるかを知る手っ取り早い方法の一つは，デパートの売上高を調べることです。特に，お中元やお歳暮のシーズンになると，デパートのギフト・コーナーには買い物客が集まります。この混み具合が消費動向の判断材料になります。また，乗用車の新車登録を届けた台数も一つの目安になるでしょう。このように，デパートの売れ行きにしろ，新車の登録台数にしろ，消費の動きに大きな影響を及ぼす要因に，どのようなものがあるのでしょうか。

　経済学では，これらの要因は四つに整理されています。要因とは，①所得効果，②資産効果，③不確実性効果，④社会変動効果です。以下では，それぞれの効果を順次説明していくことにしましょう。

　①所得効果　デパートでショッピングするにしろ，レストランへ食事に行くにしろ，誰でも，財布の中身と相談しながらいくら使うかを決めるのは当然です。収入が増えれば，財布のひもは緩み，収入が減れば財布のひもは固くなります。したがって，人々の収入が多いか少ないかが直接，消費水準に響くことになります。ただし，収入といっても，ほとんどの消費者は税引き前の収入よりも，むしろ税引き後の収入（手取り額）に関心を寄せています。

　日本の平均的な世帯が，手取り収入に応じて消費支出を決めるとすれば，経済全体の（マクロ的な）消費支出も，税引き後の手取り収入額の制約を受けることになります。この税引き後の所得は可処分所得と呼ばれ，そのうち，消費されなかった部分が貯蓄になります。すなわち，

　　　可処分所得（税引き後の所得）≡消費＋貯蓄

になっています。可処分所得が増えると，消費も貯蓄もともに増えていきます。

しかし，増える割合（可処分所得の中の消費の比率は，消費性向とも呼ばれます）は，当然のことながら国によって異なります。たとえば，一般に日本人は貯蓄好きで，アメリカ人よりも消費性向が低いといわれています。

　②**資産効果**　①の所得効果は，賃金や給与・ボーナスの実質的な上昇によって引き起こされる消費支出の増加でした。いわば，フローの拡大に端を発するルートです。ところが，②の資産効果は，ストックの増大を引き金とするルートを意味しています。すなわち，資産価値の上昇による消費支出への刺激効果です。

　資産には，公社債や株式などの金融資産と，土地・マンション・絵画・骨董品などの実物資産とがあります。これらの資産価値が増えると，一時的にカネ回りがよくなり，生活が派手になることもしばしば見受けられます。このような傾向を指して資産効果と名づけられています。

　ところで，資産価値が増えていく仕組みに，二つのルートがあります。すなわち，(1)貯蓄の積み重ねによる資産の増加と，(2)資産価値そのものの値上がりによる増加です。(1)のルートによると，毎月の給料から余った分は，株式や債券の購入に充てられたり，マイ・ホーム資金の積立や住宅ローンの返済に使われます。すなわち，貯蓄（フロー）することによって，資産（ストック）を形成していくことになります。

　しかし，(2)のルートによると，たとえば，株価や地価が高騰すると，居ながらにして手持ちの資産価値が増えていくことになります。すなわち，貯蓄しなくてもいい点が(1)のルートと違っています。この手持ち資産の値上がり益は，キャピタル・ゲインとか資本利得とか呼ばれています。反対に，資産の値下がり損は，キャピタル・ロスとか資本損失と呼ばれます。

　このように，(2)のルートは資産の市場評価額が変わることによって生み出されるのであって，生産活動の報酬である貯蓄の裏づけがないために，過大になるとバブル（泡沫）現象を引き起こすのです。いわば，体重そのものの増加が(1)のルートであり，着ぶくれによる増加が(2)のルートといえるでしょう。

　③**不確実性効果**　文字通り，先行きの見通しや予想が消費支出に影響を与えます。たとえば，人々はこれから景気が良くなると予想すれば，楽観的になっ

て財布のひもを緩めるでしょう。逆に，景気が悪くなると予想すれば，将来給料がカットされるかもしれないとか，あるいは，解雇されるかもしれないと，悲観的になって消費支出を控えるようになるでしょう。

④**社会変動効果**　社会変動効果は，経済的な要因以外による消費支出の増大を意味しています。いろいろな社会変動の中でも，特に人口の増加や世帯数の増加は，消費サイズを増加させる意味で重要な要因となります。その他には，自然・環境条件の変化も消費支出に影響を及ぼすことになるでしょう。たとえば，異常気象によって冷暖房器具の売れ行きに変調をきたすことなどを指しています。また，オリンピックや万国博覧会のような国民的イベントの開催や戦争の勃発なども，消費支出に影響を及ぼす要因になります。

以上で，消費支出に影響を及ぼす四つの主な効果について説明してきましたが，それらを要約すると次のようになります。

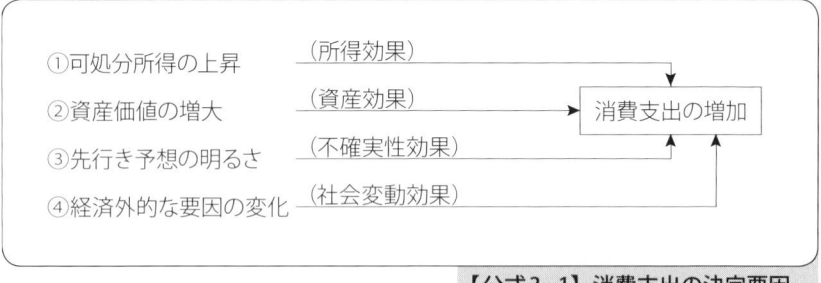

```
①可処分所得の上昇      （所得効果）
②資産価値の増大        （資産効果）         → 消費支出の増加
③先行き予想の明るさ    （不確実性効果）
④経済外的な要因の変化  （社会変動効果）
```

【公式3-1】消費支出の決定要因

日本の消費に影響を与えてきたもの

日本の消費動向を決定する最も重要な要因は，①の所得効果です。第2章で指摘したように，消費支出はGDPとの間に比較的安定した関係が見られましたが，可処分所得（税引き後の所得）との間にも安定した関係が存在していました（**図3-1**を参照）。

かつて日本の消費性向の値はほぼ0.8で，アメリカの消費性向よりも低く，日本人は貯蓄好きの国民だともいわれていました。すなわち，日本では，可処分所得が10兆円であれば，消費支出は0.8×10＝8兆円で，貯蓄は2兆円にな

図3-1 日本の消費性向

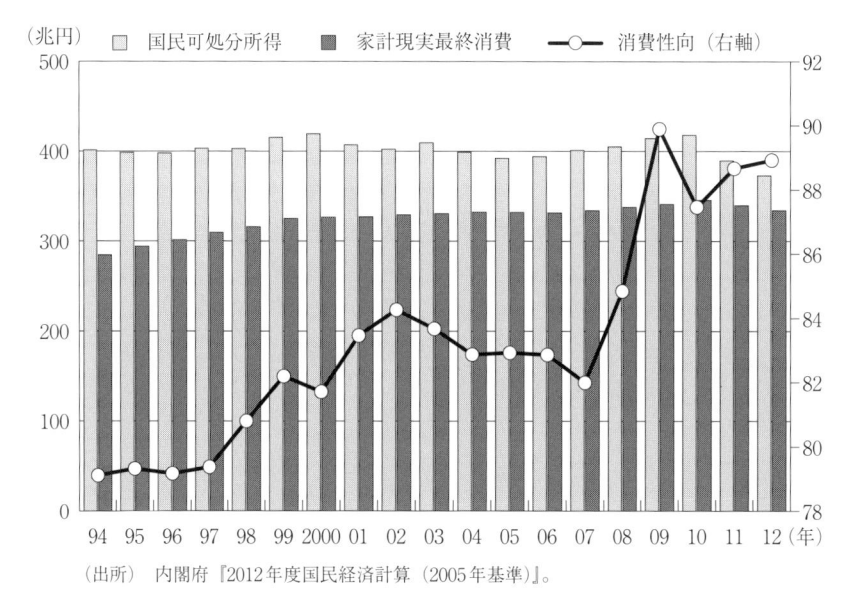

(出所) 内閣府『2012年度国民経済計算 (2005年基準)』。

ります。しかし，アメリカの金融危機を原因とする世界的な不況でわが国の可処分所得が約8％減少したにもかかわらず，家計最終消費は約2％しか減少しませんでした。そのため，消費性向が上昇する傾向にあり，0.9に近くになっています。

いうまでもなく，時代の流れとともに，①以外の効果も濃淡を変えながら顔をのぞかせてきました。ときには，①の効果に拍車をかけたり，あるいは，補完的な役割を果たしたこともありました。

日本の高度成長期 (1960年代) には，実質成長率が10％以上であったため，国民の実質所得も急増し，購買力も拡大していきました。特に，昭和30年代には，「三種の神器」と呼ばれた電気洗濯機，電気冷蔵庫，白黒テレビなどが，昭和40年代には，「3C」といわれた自動車 (カー)，クーラー，カラーテレビなどの耐久消費財が普及していきました。これらの動きなどは，まさしく①の所得効果が働いた典型的な例です。

高度成長期はまた，日本経済の重化学工業化が進んだ時期でもありました。

第3章　民間の消費・投資　53

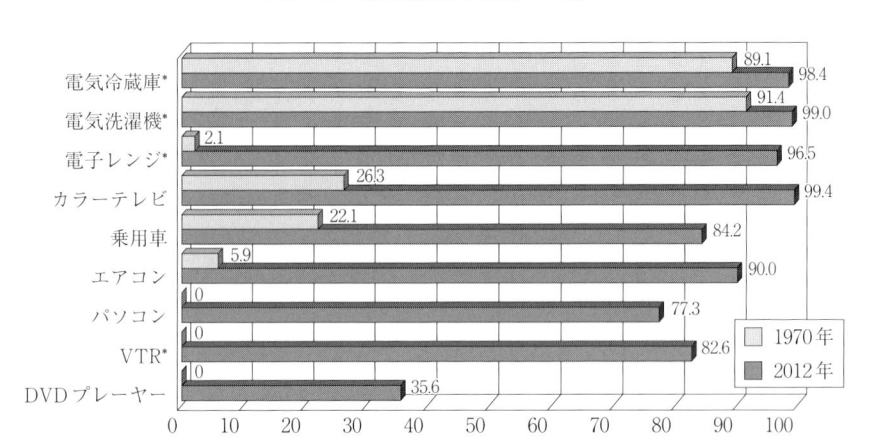

図3-2 耐久消費財の普及率（%）

品目	1970年	2012年
電気冷蔵庫*	89.1	98.4
電気洗濯機*	91.4	99.0
電子レンジ*	2.1	96.5
カラーテレビ	26.3	99.4
乗用車	22.1	84.2
エアコン	5.9	90.0
パソコン	0	77.3
VTR*	0	82.6
DVDプレーヤー	0	35.6

（注）　＊印のついた財の最新のデータが2004年であり，2004年のデータを使用。
（資料）　内閣府『消費動向調査』。

この時期，工業部門で多くの労働力を必要としたため，農村から都市への急激な人口移動が起こりました。さらに，1970年代になると，第一次ベビーブームの世代（第二次大戦直後に生まれた世代で，いわゆる「団塊の世代」と呼ばれています）が結婚し，独立していきました。このような都市への人口流入と婚姻件数の増加で，核家族化が進んで世帯数が増え，先に述べたような耐久消費財需要の裾野を広げる結果になりました。これなどは，④の社会変動効果に該当します。

そして，1970年代に大衆消費社会が始まり，1980年代には，洗濯機，冷蔵庫，カラーテレビ，掃除機などが完全に普及し，「1億総中流意識」といわれる時代になりました。最近（2012年）では，乗用車を除いて普及率は90％以上です。また，1970（昭和45）年には世の中に出回っていなかったパソコン，VTR，DVDプレーヤーなどの普及率も高くなっています（**図3-2参照**）。このように社会が成熟してくると，人々は自分の好みに合った商品を求めるようになり，画一的な時代から多様性の時代になってきました。

話をもどして，1980年代中頃になると，折からのカネ余り現象を背景に財

テクブームが起こり，株価・地価の異常な高騰を経験しました。この資産価値の急騰は，GDPに匹敵するほどの額のキャピタル・ゲイン（資本利得）をもたらしました。ただ，このキャピタル・ゲインは一部の高額所得者層や首都圏の在住者のみに集中し，リゾート・マンション，高級車，絵画，貴金属などの大型商品や高級消費財の売れ行きがこの層に目立つようになりました。これらの高級消費ブームは，②資産効果の中の第二ルート（51頁参照）に依存しているため，「バブル経済」といわれたのです。

　ところが，実体のないバブルは，シャボン玉のようにはじけます。まず，1990年初めに株価が下がり始め，続いて地価や絵画などの資産価値の下落へと波及していきました。まさに，80年代後半と逆の現象が起こり，消費支出にブレーキをかける逆資産効果が働いたのです。この資産価値の下落が銀行の不良債権問題を引き起こし，企業経営に影響を及ぼしたのです。その結果，日本経済が不況に陥り，いわゆるデフレ経済を迎えました。そこで，企業はこの不況を乗り越えるために，リストラ（再構築）を余儀なくされたのです。この過程で，従業員の賃金カットや解雇で凌ごうとしたのです。そのため，家計部門の所得は伸びず，先行きの不透明さが大きくなって消費支出が冷え込んでしまいました。これは③の不確実性効果を意味しています。

　日本経済は2000年代に入って数年がたち，ようやく「失われた15年」から脱け出したといわれました。その判断は，消費支出が堅調に推移しだしたからです。その消費を引っ張っているのが携帯電話，パソコン，デジタルカメラ，DVDレコーダー，薄型テレビなどのデジタル家電でした。ところが，2008年のリーマン・ショックを契機に国民の可処分所得も家計の消費支出も減少しています（図3-1を参照）。ただ，2012年に登場した安倍晋三総理が推進する経済政策，いわゆるアベノミクスによって②の資産効果や③の不確実性効果も出始めています。また，公共事業も積極的に実施されており，これらが家計の消費支出にプラスの影響を与えるかもしれません。

価格効果は重要でないのか？

　経済学の入門書には，需要・供給曲線の解説が必ず出てきます。その解説に

よれば，モノが値上がりすると売れ行きが落ち，値下がりすると売れ行きが伸びます。それでは，このような値動きと消費支出の間にはなにか関係はないのでしょうか。

この関係は⑤価格効果と呼ばれますが，乗用車，家電製品など個別品目の消費動向に注目する場合は，この価格効果が重要な要因の一つになります。たとえば，パソコンやカラーテレビなどは，各電器メーカー間の熾烈な競争や技術革新の結果，日用品などの非耐久消費財価格と比べて相対的に安くなり，買いやすくなって普及していきました。また，円高が進むと海外旅行者が増えますが，これも国内旅行よりも海外旅行のほうに割安感が出てくるからです。

このように，経済全体（マクロ）の消費支出よりも個別（ミクロ）の消費支出の動きに注目する場合には，財貨・サービス間の価格比率（＝相対価格）が重要な役割を果たすようになります。

ところで，相対価格とは各財貨・サービスの交換比率を表わしています。たとえば，パン1個の値段（P_1）が¥100で，バス1回の乗車料金（P_2）が¥200とすれば，パンとバスの相対価格（P_1/P_2）は¥100/¥200＝1/2となり，パン1個とバスの乗車1/2回とが同じ価値を持つことになります。したがって，個別のモノの値段が高くなったとか，安くなったとかは，あるモノを基準にして，そのモノとの交換比率の変化で判断すべきことがらなのです。

3.2 日本の投資の姿が見える

投資もいろいろ

第2章で説明したように，民間投資支出は(a)住宅投資，(b)設備投資，および(c)在庫投資に分類されています。このように投資支出を分ける理由は，それぞれの投資行動に影響を及ぼす要因が異なるからです。そこで，各投資支出を順次取り上げていくことにしましょう。

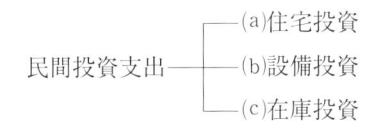

```
                    ┌── (a)住宅投資
民間投資支出 ───────┼── (b)設備投資
                    └── (c)在庫投資
```

住宅投資の動きはなにに影響されるのか？

まず最初に，住宅投資の決定要因についての公式を掲げておくことにしましょう。

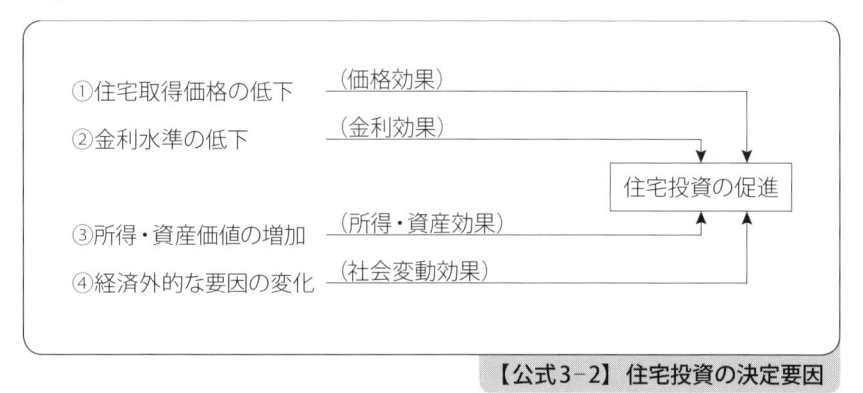

```
①住宅取得価格の低下 ──(価格効果)──┐
②金利水準の低下   ──(金利効果)──┤
                              ├→ 住宅投資の促進
③所得・資産価値の増加 ──(所得・資産効果)──┤
④経済外的な要因の変化 ──(社会変動効果)──┘
```

【公式3-2】住宅投資の決定要因

①の価格効果は，住宅の建設コストだけでなく，地価を含んだ住宅価格が下落（上昇）すると，住宅投資が促進（抑制）されることを意味しています。

②の金利効果とは，いうまでもなく金利が下落（上昇）すると住宅ローンの金利負担が軽く（重く）なり，住宅投資にプラス（マイナス）の影響を与えるという意味です。ところで，金利にもいろいろ種類がありますが，住宅投資関連の金利としては，住宅金融支援機構（旧住宅金融公庫）の貸付金利と民間の住宅ローン金利の動きが重要になってきます。

③の所得・資産効果には，いくつかの要素が含まれています。まず第一に，貯蓄額は住宅購入資金の頭金として必要になってきます。第二に，所得水準とローン返済額とは密接に関連しています。だいたい，住宅ローンの借入額は年収の3～4倍が標準といわれています。したがって，所得水準が上がると住宅が購入しやすくなります。第三に，住宅を買い替える場合，現在持っている不動産の価値が上昇すれば，買い替えもラクになります。このように資産価値が上昇（下落）すると，住宅投資にプラス（マイナス）の影響を及ぼすことになります。

④の社会変動効果は，消費支出の決定要因の箇所でも説明したように，核家族化や婚姻件数の増加によって世帯数が増え，その結果，住宅投資が増大して

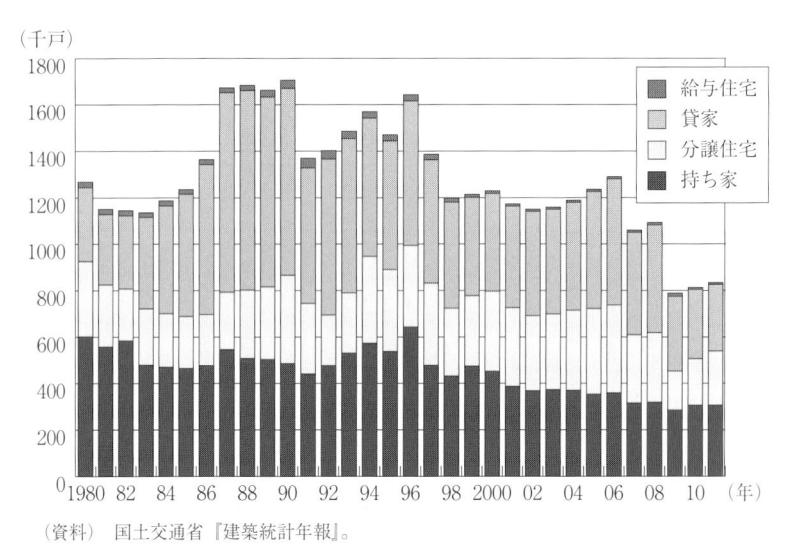

図3-3 新規住宅着工数の推移 (総戸数)

(資料) 国土交通省『建築統計年報』。

いくことなどを指しています。

日本の住宅投資の動きはどうだったのか？

図3-3に，新規住宅着工数の推移が描かれています。総戸数の動きを見ると，1990 (平成2) 年に170万戸の高水準に到達した後，1995 (平成7) 年までは毎年平均150万戸弱で推移し，1996年には160万戸まで増加しました。ところが，それ以降は，急激に落ち込んでいます。

さらに，持ち家系（持ち家と分譲住宅）と借家系（貸家と給与住宅）の新規着工数の動きを詳しく見ましょう（ちなみに，給与住宅とは，会社や官公庁などが所有または管理する住宅のことです）。2008年のリーマン・ショック前までは，両方の間には著しいコントラストがありました。第一に，持ち家系に比べて，借家系の新規住宅着工数には大きな変動幅がありました。第二に，1980年代の中頃まで，持ち家系は減少傾向にありましたが，借家系は逆に増加し続けました。第三に，2000年以降から中頃まで持ち家の新規着工数は減少傾向にありましたが，分譲住宅（建売住宅やマンション）はやや増加しているため，全体的に持

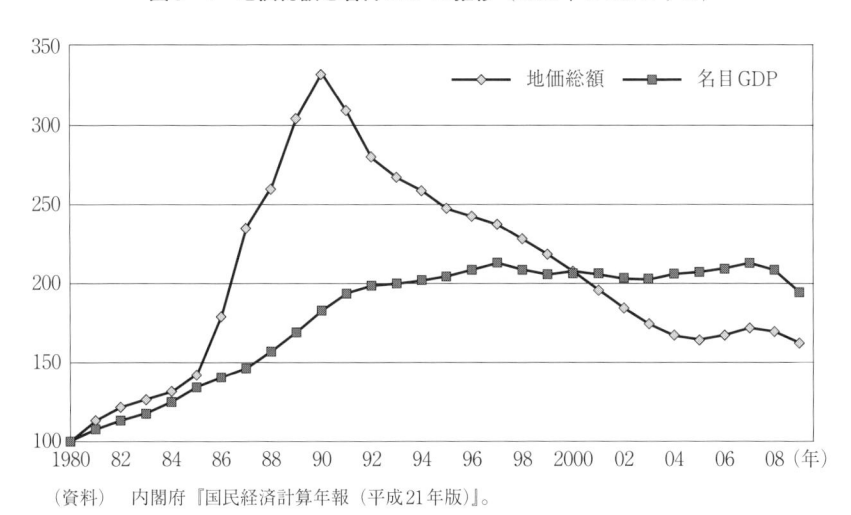

図3-4 地価総額と名目GDPの推移（1980年を100とする）

（資料）　内閣府『国民経済計算年報（平成21年版）』。

ち家系は安定しています。しかし，借家系は増加傾向にありました。ところが，リーマン・ショック後，持ち家系も借家系も減少傾向にあります。

このような特色を念頭に置きながら，日本の住宅投資は，【公式3-2】の通り動いたかどうかを検討してみましょう。

「公式」を検証する

住宅投資の決定要因の中で，①価格効果，②金利効果，および③所得・資産効果は，公式通りに働いていたでしょうか。それを検討する前に，地価と金利の動きを眺めてみましょう。

図3-4には，日本国土の地価総額と名目GDPの動きが描かれています。1980（昭和55）年末の地価総額は約751兆円，名目GDPは241兆円であり，それぞれを100として換算された値が描かれています。

この図から分かるように，80年代の中頃までは，地価総額と名目GDPはともに伸びて大きな乖離はありませんでした。ところが，1985年以降地価は急激に上昇し，両方の格差は拡大していきました。そして，地価は1990（平成

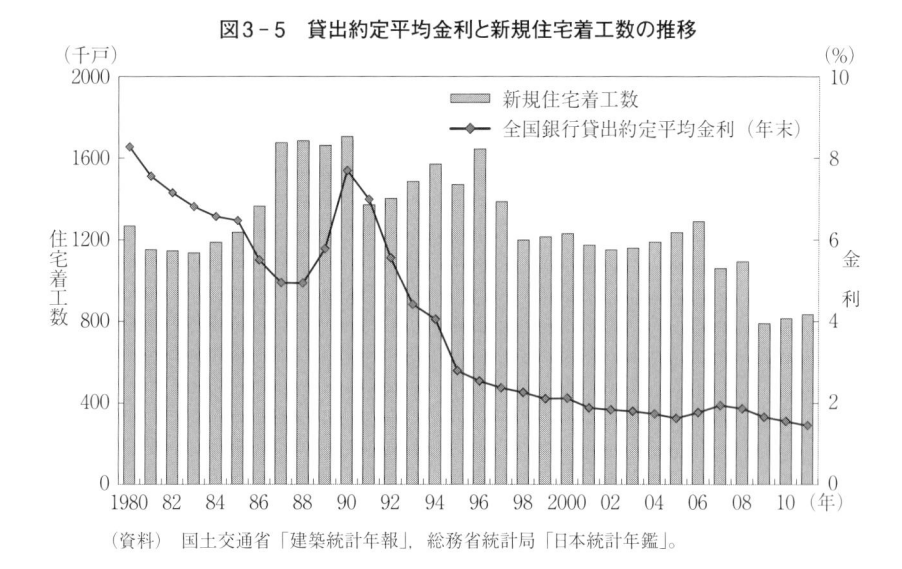

図3-5 貸出約定平均金利と新規住宅着工数の推移

（資料）　国土交通省「建築統計年報」，総務省統計局「日本統計年鑑」。

2）年をピークに下がり始めます。いわゆるバブルがはじけたのです。それ以降，地価の下落が止まらない状態が続き，1990年代末には地価は名目GDPを下回る状況が現われました。言い換えれば，名目GDPに対する地価総額の相対的な値が，1980年の1以下に落ち込んだのです。ただ，2004年以降，地価の下落は止まり一休みといった状況です。

一方，全国の銀行の貸出平均金利の動きが，**図3-5**に描かれています。この動きを見ると，1980年代の中頃まで金利は低下傾向にありました。ところが，金利はその後反転して上昇し，1990（平成2）年をピークに下がり始めます。そして，1993年には80年代の水準を下回るようになり，2004年には1.7％の水準にまで下がりました。まさに「低金利時代」が長く続いてきたのです。

このような動きについて，【公式3-2】に照らし合わせてみると，①の価格効果に関しては，少なくとも1990年代中頃までは住宅投資に対して抑制の方向に，②の金利効果に関しては，1980年代の中頃までと1990年代中頃以降は促進の方向に働いたものと考えられます。また，③の所得・資産効果については，1990年代の初めには名目GDPは2倍になっているので，促進する方向に

働いたと考えられます。したがって，どの効果が著しく働いたかということになるでしょう。

持ち家の新規着工数は，1991（平成3）年まで減少傾向にありました（図3-3）。これは地価の急激な値上がりで，①の価格効果が抑制のほうに強く働いたからでしょう。さらに，1980年代後半の金利上昇も抑制の方向に働き（②の金利効果），③の所得・資産効果を大きく上回ったからでしょう。ところが，持ち家の新規着工数は，1992年から1996年までやや持ち直しています。この動きは，いままでとは逆に，地価の下落と金利の低下による促進効果が働いていると思われます。このような短期的な動きとは別に，持ち家の新規着工数は長期的には減少傾向にあります。この傾向は，少子・高齢社会を迎え，住宅戸数が世帯数を上回るようになったからでしょう。これは多数の先進国で見られる現象で，④の社会変動効果が長期的な影響を及ぼしているといえるでしょう。ところが，団塊世代が定年を迎え，退職金を使って終の住みかを求めて引越しや建替え需要が見込まれたり，あるいは，団塊世代の子どもである30歳代の団塊ジュニア世代が住宅を取得することがあれば，④の社会変動効果がプラスに働くことも予想されましたが，持ち家の新規着工数は増加しませんでした。

他方，借家系は1980年代初めから末まで，持ち家系とは反対の動きを示しました。すなわち，公式通りではなく，地価の上昇が住宅投資を促進させる方向に働いたのです。というのも，地価が大幅に上昇すると，土地の担保価値が自然と上がり，住宅建設資金が借りやすくなったからです。そのうえ，1988（昭和63）年までの金利低下と合わさって，資産運用の対象として住宅を購入するようになったのです。さらに，相続税や固定資産税の負担が重くなったので，その節税対策としてマンションなどの貸家建設が促進された面もあります。

このように，本来ならば地価の上昇は住宅取得価格を引き上げて，住宅投資にマイナスの影響を及ぼすはずですが，副作用のほうが大きくなって，①の価格効果を打ち消すことになったのです。すなわち，公式とは逆方向の力が強く働いてしまったといえるでしょう。

設備投資に影響を与えるもの

　投資の中心は設備投資です。設備投資は景気動向の主役でもあります。そのために，設備投資に影響を与える要因を探し出すことは，経済学の重要な仕事の一つになっています。

　ケインズ経済学では，設備投資の決定要因は(1)金利と(2)企業家マインドです。ところが，(1)金利の影響に関しては，あまり当てにはならないようです。確かに，金利が上昇すると資金調達コストが増え，投資意欲を損なうことにもなります。逆に金利が下落しても，だからといって即座に投資意欲を高めることになるかどうかは疑問です。この投資意欲と金利との非対称的な関係は，馬（＝投資意欲）と水（＝金利）との関係にたとえることができます。のどを渇かした馬に水を飲ませないようにすることは可能です。ところが，水を与えれば，馬はいつも水を飲むとは限りません。のどを渇かしていない馬は，水に見向きもしないからです。したがって，それよりも(2)の企業者マインドのほうが重要視されています。

　しかし，一口に企業者マインドといっても，その内容は多種多様で，投資内容によって企業家の判断基準が変わってきます。そこで，企業の設備投資を，便宜上，四つのタイプに分けて，それぞれの項目を説明していくことにしましょう。四つのタイプとは，(a)更新投資，(b)誘発投資，(c)省力化・省エネ投資，そして，(d)独立投資です。

　(a)更新投資　更新投資は，文字通り，施設や機械が故障したり古くなったとき，新しい設備と取り替えることです。取り替えの時期は，必ずしも物理的な寿命がきたときではなく，経済的な寿命がきたときのこともあります。経済的な寿命とは，既存の資本ストックの減価償却が完了したり，新機種に取り替えるほうが採算がよくなる時期などを意味しています。したがって，この更新投資は，必ずしも短期的な経済要因に強く影響を受けるとはいえません。

　(b)誘発投資　景気が上向いてくると，モノの売れ行きが好調になり，操業水準（工場での労働時間や機械の稼動時間）が高まってきます。そうすると，やがて既存の生産設備では間に合わなくなって生産能力が不足するようになり，その能力不足を解消する目的で投資が誘発されるようになります。これが誘発投資

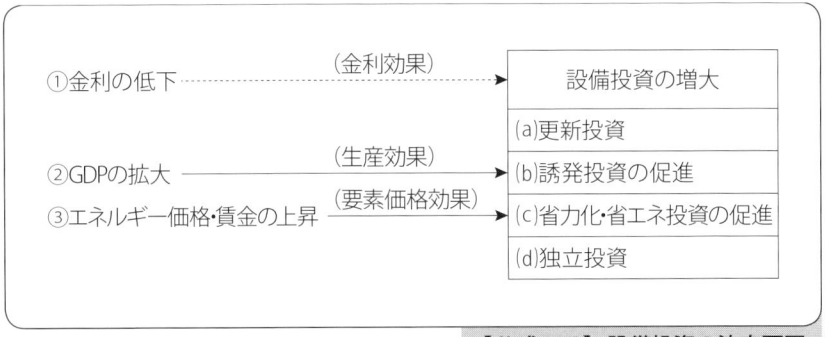

```
①金利の低下 ─────(金利効果)─────→  設備投資の増大
                                    (a)更新投資
②GDPの拡大 ──────(生産効果)─────→  (b)誘発投資の促進
                  (要素価格効果)      (c)省力化・省エネ投資の促進
③エネルギー価格・賃金の上昇 ─────→  (d)独立投資
```

【公式3-3】設備投資の決定要因

であり，生産能力の増強を意図しています。いうまでもなく，誘発投資は景気が上向きになると盛んになります。したがって，誘発投資を決める要因は将来の景気予測であり，同時にその景気予測はGDPの動きに基づいて形成されます。

　(c)**省力化・省エネ投資**　石油価格が値上がりすると，企業は省エネ対策を講じたり，バイオ燃料のように石油以外のエネルギー源を利用したりします。あるいは，人手不足が深刻になってくると，生産現場にロボットを導入したり，オフィス・オートメイション（OA）化を進めたりします。このような対応が省力化・省エネ投資です。したがって，これらの投資に影響を与えるものには，エネルギー価格とか賃金など生産要素価格の動向が挙げられます。

　(d)**独立投資**　独立投資は，企業が技術革新を推進していくうえで欠かせない研究・開発（Research ＆ Development：R&D）投資を指しています。付加価値の高い商品を開発・生産したり，経営の多角化を目指そうとすると，独立投資額は大きくなります。たとえば，有機ELパネルやiPS細胞を使った再生医療の実用化に向けた研究・開発投資などはいい例で，高水準の投資を維持しなければ国際競争に勝ち残れなくなります。このように，独立投資は企業の長期ビジョンに立って進められるため，短期的な経済要因には影響を受けにくくなります。

設備投資は景気の主役

　日本経済は着実に成長を遂げてはいますが，その道のりは決して平坦ではなく，山あり谷ありと起伏に富んでいます。この経済成長の動きは景気循環と呼ばれています。戦後の景気循環にはさまざまな名称がつけられていますが，近年の「リストラ景気」と名づけられている景気は，2002（平成14）年1月を底に拡大を続け，2006年11月には戦後最長の「いざなぎ景気」（1965年10月～1970年7月の57カ月間に及ぶ拡張期）を超えました。結局，2009年3月までの86カ月間続いた戦後第14回目の景気循環でした。

　政府が発表する景気循環の山や谷の日付についての公式見解は，景気と同じような動きをすると見られている11個の指数を参考にして判断されます。この11個の指数は一致系列と呼ばれ，鉱工業の生産や大口の電力使用量，あるいは，残業時間や求人倍率などから構成されています。ただ，多くの指数の中から，これら11個の指数がなぜ選ばれたかについての理論的な根拠はありません。

　一致系列の中で，鉱工業の生産は重要な指標になっています。というのも，製造業の生産額は，日本の産業の中で，現在はおよそ20％強しか占めていませんが，景気に対しては依然として敏感に反応しているからです。図3－6には，1957（昭和32）年以降の景気循環と製造業および非製造業における設備投資の伸び率が描かれています。この図から，いくつかの特色が見えてきます。

　第一に，設備投資の変動は，非製造業よりも製造業のほうが大きいということです。これは，製造業のほうが資本集約的な産業であり，設備投資のウェイトが大きいことを意味しています。

　第二に，製造業では，景気循環と設備投資の動きがほとんど一致しています。すなわち，景気の後退期には設備投資が落ち込んでいます。これは，設備投資が景気の主役であることを物語っています。

　第三に，設備投資の動きは，製造業でも非製造業でも徐々に小さくなってきました。これは，すべての産業で既存ストックが積み上がり，大きな技術革新でもない限り，設備投資が同じサイクルで変動しないことを示しています。

　それでは，設備投資の動きを80年代後半から眺めてみましょう。1986（昭和

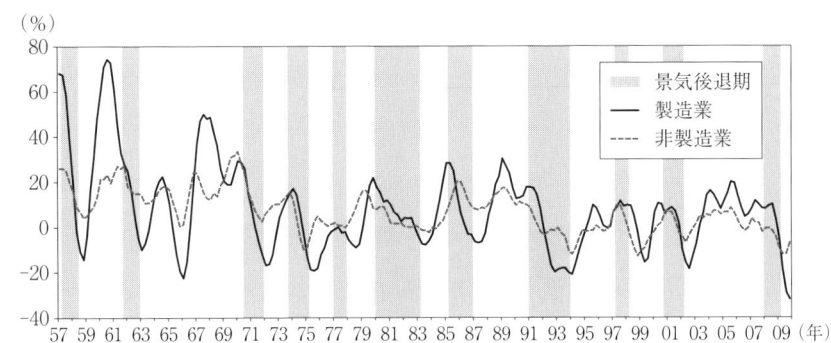

図3-6 設備投資の長期推移（製造業，非製造業，四半期）

(注) 1. 内閣府「民間企業資本ストック」統計の新規投資額（進捗ベース）の前年同期比の移動平均を取ったもの。
2. 1980年以降は93SNAベース，それ以前は68SNAベースを使用。
3. 景気後退期は内閣府「景気基準日付」を参照（http://www.esri.cao.go.jp/ jp/stat/di/111019hiduke.html）。
4. 非製造業は製造業以外の農林水産業・鉱業・建設業・卸小売業・金融保険業・不動産業・運輸通信業・電気ガス・サービス業を指す。
(資料) 内閣府「民間企業資本ストック」。

61）年11月からの景気の上昇局面（拡張期）では，設備投資は高い伸びを示していますが，その中でも，初期には更新投資が活発でした。その後，誘発投資の勢いが強まりましたが，同時に省力化・省エネ投資や独立投資の誘引が強く働くようになりました。というのも，情報関連技術を中心にした技術革新の急展開や人手不足，あるいは国際化の問題が，日本経済の構造転換を引き起こしたからです。その潮流に乗り遅れまいとする企業者マインドが，短期の経済的要因に左右されない投資を促進させてきたからです。これが，「バブル景気は底堅い」といわれた理由でした。

ところが，1991（平成3）年初めからの景気後退期，いわゆる平成不況が長引いた原因は，その前の底堅い景気の反動でもありました。というのも，前回の好況期に進められた旺盛な設備・建設投資がストックの効果を発揮しだしたからです。すなわち，設備・建設投資に着手した当初は経済の需要を高める効果を持っています。しかし，設備の納入や建設工事が終わると，生産活動が始

まります。すなわち，生産能力を高める供給効果を生み出すことになるからです。これは「投資の二面性」と呼ばれる効果で，企業の過剰な生産能力やオフィス・ビルの供給過剰が現われてくるからです。したがって，金利が過去最低の水準になっても，設備・建設投資が余り活発にならない理由の一つになっています。まさに，馬に水を与えても飲まない状態が続く「金利の非対称性」が働いたからでしょう。

1990年代から低迷してきた日本経済は，「失われた15年」から脱却したといわれましたが，確かに設備投資の増加率は90年代初めの水準にまで届く勢いを示しています。これが「リストラ景気」を支えてきた要因の一つです。

在庫投資の決定要因

在庫は生産と出荷の間の時間的なズレを調整する役割を持っています。したがって，在庫投資は景気に最も敏感に反応します。好況のときは，出荷が増えて在庫が減っていきます。在庫の減少が続くと，それをカバーするために生産が活発になるのです。反対に，不況のときには，出荷が減って売れ残りが生じ，在庫がたまっていくでしょう。すると，在庫を減らすために生産調整するでしょう。このように，在庫投資に影響を及ぼす経済的な要因は，景気の浮き沈み，すなわちGDEの伸び率ということになります。

高度成長期の1960年代には，在庫投資の対GDP比率は2.0〜4.0％の水準でした。ところが，それ以降，長期的に低下傾向にあり，70年代後半から対GDP比率は1.0％以下の水準で推移してきました。そして，景気の後退期に入っても在庫の大きな積み増しが見られなくなったのです。それは，販売時点情報管理システム（POS）や付加価値通信網（VAN）などの情報ネットワークの利用や，ジャスト・イン・タイム方式の採用などによる在庫管理技術が進んだのもその一因です。

さらに，経済のサービス化・ソフト化の進展は，財貨よりも在庫の難しいサービスの生産ウェイトを高めることになるので，在庫投資による景気循環の波を小幅にしている一面もあります。しかし，こういった商品の滞りの少ない物流が経済活動の効率化を高めている反面，輸送コストの上昇や交通渋滞・安全

図3-7　在庫循環（2009-2013年）

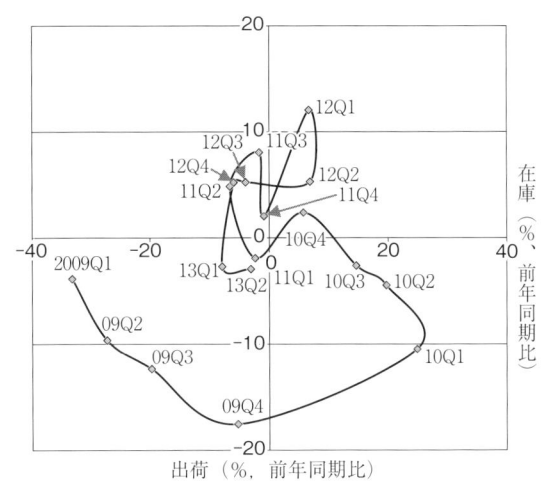

（資料）　経済産業省「鉱工業指数」より算出。

性などの新たな問題を引き起こすようにもなっています。

　図3-7は、横軸に出荷の増減率、縦軸に在庫の増減率が示された在庫循環図です。2009年（平成21）年第Ⅰ四半期（1月～3月）から2013年の第Ⅱ四半期（4月～6月）まで描かれています。この図には描かれていませんが、2001年の第Ⅰ四半期から2004年の第Ⅳ四半期（10月～12月）までの在庫循環図は、時計の針と逆回りで描くことができます。2001年の1年間は前年よりも出荷数が増えたので、在庫が減少しました。在庫が減ると、それをカバーするために生産が活発になるため、やがて在庫の減少は落ち着いて増減率がゼロに近づきます。ところが、2002年から出荷数が減少に転じました。それに対応して売れ残りの在庫が増加したのです。出荷数は、2002年の第Ⅳ四半期まで減り続けていたのですが、生産調整されて在庫の積み増しは減り続け、再び増減率がゼロ近くまできました。その後も出荷数は前年よりも減少したにもかかわらず、在庫が減り続けていたのは、さらに生産が減ったからです。このように、出荷の増減に呼応して、まず在庫調整がなされ、その後生産調整されている様子が分か

ります。

　ところが，**図3-7**を見ると，2009年の第Ⅰ四半期から2010年の第Ⅳ四半期まではやはり時計の針と逆方向に動いていたのですが，2011年になると在庫循環が不規則な動きに変わってしまいました。2011年第Ⅱ四半期に在庫は急激に積み上がり（売れ残りが生じ），その後はいったん出荷が増え，在庫も減少しました。しかし，またしても，同年第Ⅳ四半期から2012年第Ⅰ四半期にも在庫が積み上がりました。その後在庫は減少し，2013年になってようやく出荷が増えることが分かります。これは，2011年3月11日に発生した東日本大震災の影響が大きかったといえるでしょう。

第4章　貿易大国から投資大国へ

4.1　貿易の仕組みを理解する

貿易は経済活動を広げる

　世界史をひもとくと，15世紀末から16世紀にかけてヨーロッパ人は盛んに海外進出を企てました。一般に「大航海時代」あるいは「地理上の発見時代」などと呼ばれた時期です。1498年にはヴァスコ＝ダ＝ガマが，アフリカ南端の喜望峰を迂回してインド西海岸に到着しました。このインド航路の開拓によって香辛料の直接取引が可能となり，ポルトガルの王室に莫大な利益をもたらすことになったのです。また，1492年のコロンブスによる新大陸発見を契機に，大西洋を西航するルートが開拓されました。そして，スペイン王室の命令で，マゼランやその部下は1522年に世界周航を成し遂げました。

　このようなインド航路の開拓や新大陸への到達は，ヨーロッパにおける遠隔地貿易を拡大させることになりました。それまでの東西交易はユーラシア大陸における「草原の道」や「オアシスの道」（シルク・ロード）と，南方海上を船で往来する「海の道」に限られていました。ところが，堅牢で速い帆船の普及，羅針盤の改良，緯度航法の考案などによって遠洋航海ができるようになりました。その結果，商業の規模ははるかに大きくなり，取引の種類も増えて世界商業圏が形成されていったのです。

この「大航海時代」の余波が戦国時代のわが国にも押し寄せ，いわゆる南蛮貿易が活発になり桃山文化が花開くことになったのです。しかし，貿易の利に目をつけたのは信長や秀吉だけではありませんでした。それ以前にも，日宋貿易促進のため神戸・福原の港に遷都した平清盛や，日明貿易のため「日本国王」を唱えた足利義満などもいました。このような例を挙げるまでもなく，外国との通商は巨額の利益をもたらしてくれます。

　現代は「大航空時代」でもあります。航空機の技術革新や燃費の改善によって，世界各地へ短時間にいろいろな物資が運ばれています。たとえば，わが国の輸出貨物は，重量ベースで見れば99.5％が船で運ばれますが，金額で見れば26.8％が航空機で運ばれています（2011年）。いまや，各国の経済は貿易を無視して語ることができないほど相互に深く関わり合っています。

　同時に，新たな経済問題も現われてきました。たとえば，経済産業省の「海外事業活動基本調査」（2011年度）によれば，わが国の海外法人の数は1万9250社にも上っています。以前ならば，日本企業の輸出といえばわが国からの輸出に限られていましたが，アジアに進出した日本企業がそこを拠点にして輸出することもあります。当然，わが国からの輸出が減少していることは想像がつくでしょう。でも，日本企業が輸出していることに変わりはありません。

　そこで，本章では，貿易に関する国際経済学の考え方を説明するとともに，現実の貿易問題を検討していくことにします。

為替レート──円高，円安とはどういうことか？

　海外旅行がごく身近になった昨今，旅行前に円をドルやユーロに交換したり，旅行で使わなかったドルやユーロを空港で円に交換する姿はありふれた日常の一コマになっています。この交換の場が為替市場で，そこに示されている自国通貨と外国通貨の交換比率が為替相場（為替レート）です。たとえば，円とドルのレートは1ドル＝100円というように円建て（邦貨建て）で表示されることが一般的です。

　いま，日本車の国内販売価格が200万円だとし，1ドル＝100円であれば，日本車のドルの値段（ドル建て価格）は200万÷100＝2万ドルになります。一

方，1バレル当たりの原油価格が110ドルだとすれば，1バレルを日本円にする（円建て価格）と110×100＝1万1000円になります。

仮に，為替レートが円高・ドル安になって1ドル＝80円になると，日本車のドル建て価格は2.5万ドルと高くなり，外国での販売は落ち込みます（輸出量の減少）。原油の円建て価格は8800円と安くなると，わが国での原油需要は増える（輸入量の増加）ことになります。

なにが輸出・輸入に影響を与えるのか？

①**価格効果**　このように，為替レートの変動が貿易のサイズを左右することになります。すなわち，円高になると，自動車や鉄鋼や集積回路など輸出財の外貨建て価格が高くなり，輸出量が減ります。反対に，石油や農水産物など輸入財の邦貨建て価格は安くなり，輸入量が増えることになります。したがって，円高は輸出産業にとって不利になり，輸入産業にとっては有利に働くのです。

そのうえ，人手不足などの理由で人件費が上がり，輸出品の国内価格が値上がりすると，外貨建て価格をさらに引き上げることになり，輸出不振に拍車をかける状況が生まれてきます。同じような理由で，原油安や原材料価格の低迷で輸入品の国外価格が値下がりすると，邦貨建て価格がさらに下落して，輸入品が売れやすくなります。こうして，輸入業者には追い風が吹くことになります。

こうした輸出財や輸入財の価格，および為替レートが貿易に与える影響を「価格効果」と名づけることにしましょう。

②**所得効果**　輸出入を決める要因には，こうした「価格効果」以外に「所得効果」と呼ばれるものもあります。第2章の「外需の項目」（42頁参照）で説明したように，日本人による外国製品の注文は，わが国の内需に含まれています。したがって，わが国の内需が増えると，わが国では外国製品の輸入量が増えます。

このように，各国の内需が伸びると，各国の輸入量も増えます。また，相手国の輸入はわが国の輸出となるため，わが国の輸出を決める要因は，相手国が輸入を決める要因の裏返しになります。そこで，輸出を決める要因は相手国の

内需の大きさになります。つまり，相手国の内需の伸びが高くなると，わが国の輸出の伸びも大きくなっていきます。この貿易に与える内需の影響を「所得効果」と名づけることにしましょう。

そこで，貿易に及ぼす「価格効果」と「所得効果」を要約したのが，次の公式です。

輸出と輸入を決める主な要因には，価格効果と所得効果があります。
① 輸出財の邦貨建て価格が下落するか，円安になると，日本の輸出量は増えます。
② 輸入財の外貨建て価格が下落するか，円高になると，日本の輸入量は増えます。
③ 貿易相手国の内需が拡大すると，日本の輸出量は増えます。
④ 日本の内需が拡大すると，日本の輸入量は増えます。

【公式4-1】輸出・輸入の決定要因

4.2 日本と海外との経済的なつながり

図4-1には，わが国の対ドル為替レートの推移が描かれています。1973年（図の左端）には1ドル＝301.93円であった為替レートは，2013年7月（図の右端）には1ドル＝99.7円になっています。図に示した傾向線からも，為替レートは長期的に低下（円高）傾向にあることが分かります。

為替レートが現在に比べて円安（**図4-1**の左上）にあったとき，わが国の輸出品は海外で安く販売されていたことになります。つまり，かつての加工貿易（原材料を輸入して製品に仕上げて輸出するパターン）によって支えられてきたわが国の貿易大国の形成に，このような円安の為替レートによる価格効果が貢献していたことは間違いのないところでしょう。しかし，わが国の相対的な地位の上昇とともに円の評価も高くなり，長期的な円高がもたらされたといえるでしょう。

図4-1　対ドル為替レート（月次データ）

（出所）日本銀行ウェブページよりDL。

レーガンの登場

　アメリカでは1981年に「強いアメリカ」を唱えるレーガンが大統領に就任すると，アメリカ経済の再建に向けてレーガノミクス（レーガン（Reagan）とエコノミクス＝経済学（economics）の合成語）といわれる政策を実施しました。減税と財政支出の削減による小さな政府，ならびに，規制緩和による市場の競争を重視した政策でした。特に，減税政策のシナリオは次のように要約できます。

① 個人所得税の減税は貯蓄を増やすので，金融機関の貸出量が増えて，利子率が低下する。その結果，投資が促進されて生産性が上昇し，アメリカ製品の国際競争力は高まっていく。

② 減税は税引き後所得を増やすから勤労意欲が高まり，結果的に税収を増やすことになる。

③ さらに，企業の投資意欲を刺激する目的で，減価償却期間を短縮し投資減税を行なう（加速度償却）。

　このレーガノミクスのシナリオを振り返ってみましょう。まず，日米の短期金利の推移が**図4-2**に示されています。アメリカの金利がわが国よりも高い水準だったのは，データがないためここには直接示されていませんが，1970年代末から進められてきた金融引き締め政策が維持されたからです。こうして

第4章　貿易大国から投資大国へ　73

図4-2　日米の市中金利の推移

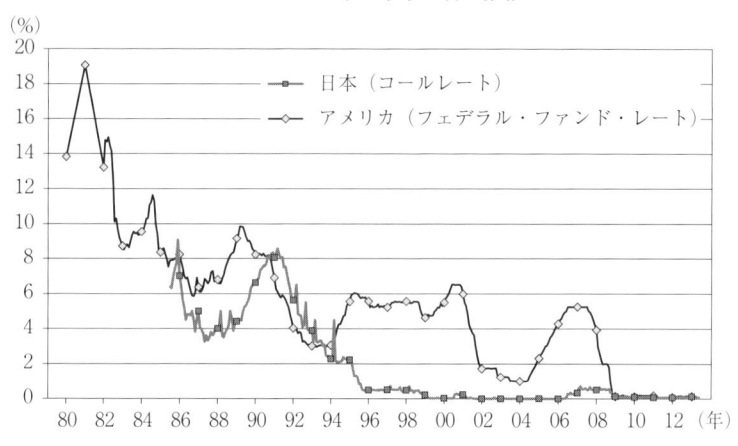

(注)　いずれも無担保で翌日に返済する場合の利率（無担保翌日物）。
(出所)　日本銀行，連邦準備制度理事会（FRB）のウェブページよりDL。

懸案であったインフレは抑制されたのですが，その副作用として1981年後半から景気が後退し始めました。その後も小さな景気循環が見られたのですが，レーガン政権の意図に反して財政支出は縮小しませんでした。というのも，減税とともに「強いアメリカ」を演出するための国防予算が増え，その他の支出を減らす合意も得られず，アメリカの財政赤字が急増したからです。

つまり，供給サイドを重視したレーガンの当初の計画とは異なり，皮肉にも総需要を刺激する政策（第5章の【公式5-1】(91頁) を参照）によって，実質成長率は伸び失業率も大幅に減少したのです。そして，減税によって貯蓄が増えることもなく，また，税収が増えることもありませんでした。

プラザ合意

アメリカの高金利が続くと，金利差を狙って海外から資金が流入してきました。しかも，わが国では1980（昭和55）年に為替管理が基本的に自由化されたため，わが国からもアメリカに資金が流れ込みドル相場は上昇しました。**図4-1**から分かるように，1981年から82年にかけてドル相場は上昇し，その後

図 4 - 3　貿易収支と日米，米中貿易の推移（商品のみの「財収支」）

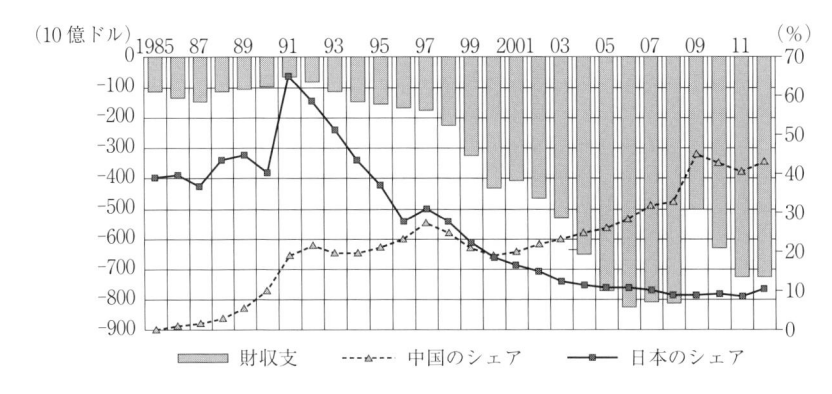

（資料）　商務省経済分析局，センサス局のウェブページからデータを DL して作成．

85年までドルは高止まりしたのです。このドル高は「強いアメリカ」を標榜したレーガン政権の方針と一致するものであり，当初，レーガン政権はドル高を放置しました。その間に，【公式4 - 1】の価格効果によってアメリカ製品の国際競争力は落ち，貿易収支の赤字幅が拡大したのです。こうして財政赤字と貿易赤字が増え続け，いわゆる「双子の赤字」といわれる状況になったのです。

図4 - 3にはアメリカの貿易収支（財収支）が棒グラフ（目盛：左軸）で，対日貿易赤字と対中貿易赤字の貿易収支に占めるシェアが折線グラフ（同：右軸）で描かれています。1980年代からアメリカの貿易赤字は増加し，特に対日貿易赤字のシェアが1985年には40％を上回るようになりました。しかも，急増するわが国の輸出の主役は，アメリカの基幹産業でもあった自動車産業でした。そのため，自動車産業を抱える州から選出された連邦議員は保護貿易的な主張を声高に叫び，日本たたき（ジャパン・バッシング）が本格化することになったのです。

第2期レーガン政権が発足した1985年の9月，ニューヨークのプラザ・ホテルで先進5カ国蔵相・中央銀行総裁会議（G5）が開かれました。G5はそれまで非公開で実施されていたのですが，合意した政策の効果を高めるために会議内容が公開されました。合意内容は「各国の通貨当局の為替市場への協調介入

と政策協調によるドル高の是正」でした。このときの声明はプラザ合意と呼ばれ，為替レートの調整だけではなく，為替調整を通じた貿易収支のインバランス（不均衡）の改善も目的としていたのです。

この後，アメリカを軸とする各国の協調介入によって，急激な円高時代が到来したのです。図4－1のように，1984年から87年までの3年間で円の上昇率は毎年20％を上回りました。このとき期待されたのは，【公式4－1】の価格効果が働いて，わが国の貿易黒字は減少するという予想でした。ところが，すぐにはそのような方向には行かなかったのです。

日米の経済構造の違いを見る

プラザ合意直後，アメリカの貿易赤字は逆に増えましたが，1980年代末にようやく減少しました。【公式4－1】の価格効果が働いたのです。しかし，このように価格効果が貿易収支に現われるまでにはタイム・ラグがあります。図4－3の貿易収支の動きを見ると，1986年，87年にはむしろ増加し，88年になってようやく減少しました。この動きは英語のアルファベット"J"が横になったような形になっていますので，これをJカーブ効果といいます。

タイム・ラグにはいくつかの原因があります。第一には，輸出入契約は為替レートが変動する以前のものでしょうから，すぐに輸出入の数量を調整できなかったことが理由です。こうなると，かえってわが国の貿易黒字は増え，アメリカの貿易赤字は増えてしまいます。第二の理由は，企業が為替レートの変化分ほど現地の販売価格に転嫁しなかったため，日本製品の売れ行きがそれほど落ちなかったのです。このような為替レートの転嫁のことをパス・スルーと呼んでいます。

アメリカがニュー・エコノミーといわれる長期的な好況に沸いた90年代後半になって，貿易赤字は再び拡大しました。その理由は，所得効果の影響が大きく表われたからです。おおまかな計算をしたところ，アメリカのGDPが1％増加すると輸入額が2％弱増加しています。すなわち，アメリカではGDPの伸びよりも輸入額の伸びのほうが大きいのです。その結果，わが国は経常収支の黒字，アメリカは経常収支の赤字という状態が長期間にわたって続く傾向

にあるといえます。ということは，日米の間で何らかの構造的な要因があると考えるのが普通でしょう。

第2章では【公式2-3】(44頁参照)のアブソープション・アプローチを用いて貿易・サービス収支の変動を説明しましたが，本章では投資―貯蓄アプローチ（I-Sバランス・アプローチ）を用いて日米の貿易不均衡の意味を考えていくことにしましょう。

まず，I-Sバランスの式を導くことにしましょう。【公式2-3】で説明したように，GDPと内需・外需との間には，

　　外需（貿易・サービス収支）≡ GDP － 内需

という関係が成り立っています。そして，内需の項目は第2章で説明したように，

　　内需 ≡ 民間消費 ＋ 民間投資 ＋ 政府支出

の項目に分けられます。

一方，【公式2-1】の三面等価の原則（31頁参照）より，GDP ≡ GDI（国内総所得）でした。さらに，第3章で説明したように，可処分所得はGDIから税金を控除した額として定義され，さらに消費支出と貯蓄に振り分けられます。すなわち，

　　GDI ≡ 民間消費 ＋ 民間貯蓄 ＋ 税金

になります。これらの内需とGDI（≡ GDP）の関係式を，貿易・サービス収支の式に当てはめると，

　　貿易・サービス収支 ≡（民間貯蓄 － 民間投資）＋（税金 － 政府支出）

という式が成り立ちます。この式がI-Sバランス式と呼ばれ，右辺第1項は民間部門の純貯蓄を，第2項は政府部門の財政収支です。これを公式の形で表わすと，以下のようになります。

> 貿易・サービス収支≡（民間貯蓄－民間投資）＋（税金－政府支出）
> 　　　　　　　　≡民間部門の純貯蓄＋政府部門の財政収支

【公式4-2】I-Sバランス・アプローチ(1)

【公式4-2】から導かれる経済的な結論は，財政収支が赤字（税金＜政府支出）であっても，
- 民間部門の純貯蓄が財政赤字を上回っていれば貿易・サービス収支は黒字になり，
- 民間部門の純貯蓄が財政赤字を下回っていれば貿易・サービス収支は赤字になるということです。

民間貯蓄は資金供給を，民間投資は資金需要を意味しています。したがって，わが国の場合，民間純貯蓄がプラスで貿易・サービス収支が黒字であれば，国内で余剰資金が生じます。そして，余剰資金は海外の工場建設や外国企業の債券・株式の購入に使われたりします。

反対に，アメリカのように，民間純貯蓄の規模は小さく貿易・サービス収支（アメリカでは財・サービス収支という）が赤字のときには，国内で資金不足の状態になり，外国からお金を借りることになるのです。

アメリカ連邦議会はレーガン時代から財政赤字を抑制するための法律を制定してきました。それに加えて，1990年代後半の好況によって税収が増加し，1998年から3年間，アメリカの財政は黒字に転換しました。つまり，【公式4-2】の右辺第2項は黒字だったにもかかわらず，貿易・サービス収支の赤字は続いたのです。そこで，アメリカの民間貯蓄の不足が改めて注目されたのです。

2001年にはジョージ・W.ブッシュが大統領に就任し，同年9月には9.11テロが発生しました。折からの景気後退もあって税収が伸び悩む中，ブッシュ大統領が公約した減税が実施され，そこにテロ対策やイラク戦争の費用が重なり，連邦財政は再び赤字に陥ったのです。こうして，アメリカは財政赤字と貿易赤字という双子の赤字を再び抱えることになったのです。そして，2007年のサ

ブプライム・ローン問題に端を発する金融危機に対しても財政を拡大させたため，赤字幅は増大しました。

4.3 成熟過程にある日本経済

投資収益の増加

ここで国際収支の概念を簡単に説明しましょう。第2章で説明したように，商品の輸出入の差額は貿易収支（＝財収支）です。この貿易収支に旅行や輸送などの国境を越えたサービスの取引差額を示すサービス収支，さらに，投資収益（海外投資の利子や配当の受取りと支払いの差額）を示す所得収支，および政府間の援助などの一方的な資金移動を示す経常移転収支を合わせたものを経常収支と呼びます。

図4-4には，わが国の経常収支の内訳（目盛：左軸）と貿易収支の対経常収支比（同：右軸）の推移が描かれています。1999（平成11）年までは貿易収支（輸出の黒字）が経常収支を上回り，サービス収支や経常移転収支の赤字が貿易収支の黒字を減らしていました。このことを直感的にいえば，日本人が貿易で得た外貨（貿易黒字）を持って海外旅行に出かけ，大量にお土産を買っている（サービス収支の赤字要因）というイメージが浮かんでくるでしょう。

2000年以降になっても経常収支は増加していましたが，それは貿易収支によってもたらされたのではありません。貿易収支の対経常収支比は2008年には24％まで下がり，2010年には44％まで戻しましたが，2011年以降は貿易赤字になっています。つまり，わが国の国際収支は以前のように貿易収支＝経常収支という構図が成り立ちません。近年の経常収支の増加は所得収支の黒字幅の拡大によるものであり，2005年以降は貿易収支と入れ替わって経常収支の主役になっています。

所得収支はすでに1970年代から黒字でしたが，近年，急激に増加しました。所得収支は，これまでわが国の企業が海外に工場を建設したり，海外企業の株式を購入した利益（リターン）の合計です。わが国の企業が海外へ進出した契機は1980年代の円高が主な理由です。円高が進み国内の賃金が相対的に高く

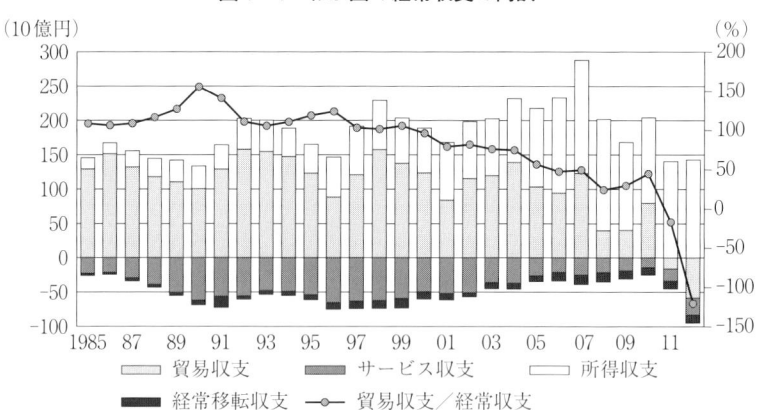

図 4-4　わが国の経常収支の内訳

（10億円）
（％）

1985　87　89　91　93　95　97　99　01　03　05　07　09　11

貿易収支　　サービス収支　　所得収支
経常移転収支　　貿易収支／経常収支

（資料）　財務省「国際収支」ウェブページ。

なると，わが国の輸出財価格は上昇しました。技術力をつけた外国製品との競争に晒されるようになった日本企業は，利潤を確保するために労働コストが安くて質の高いアジアへ生産施設を移転し始めたのです。海外移転で発生するコストには地代の支払いや株式購入資金が含まれており，このようなカネの動きを直接投資と呼びます。

　企業の海外移転によって，それまで輸出されていたモノの輸出は減少する代わりに，海外の子会社等で生産した製品の輸入が増えます。しばらくすると，海外の子会社が収益を上げ始め，株式を購入した企業には配当が入ってくるようになります。さらに，日本銀行が保有するアメリカの財務省証券（国債）の利子も大きく，これらが所得収支の黒字要因になっているのです。

　このような変化は，国際収支の発展段階にそって考えられてきました。19世紀に世界の工場として貿易黒字を享受していたイギリスでは，20世紀半ば頃になると，投資収益によって経常収支が黒字になる状態が続きました。同じように，1980年代の貿易摩擦を受けて，日本企業は海外に直接投資を進め，生産の現地化を図ってきました。それらは企業の債権であり，現在のわが国は世界一の債権大国となったのです。いまや，その収益は貿易赤字を補って余り

あるほど大きく，経常収支の黒字の原動力となっています。

そのために，【公式4-2】を書き換えて，説明していくことにしましょう。というのも，わが国の貿易収支は赤字になりましたが，(民間貯蓄－民間投資)＋(税金－政府支出)は赤字になっていないからです。サービス収支は金額が小さくなったとはいえ，赤字基調であることには変わりがありません。結果として，右辺が黒字であるということは，左辺の外国とのお金の取引も黒字であるはずです。

ここで，第2章で宿題となっていた外需に含まれない所得収支のことを説明します。これは，GDP（国内総生産）とGNP（国民総生産）の関係を応用して考えることができます（15-16頁参照）。すなわち，

$$GNP \equiv GDP + 国外の日本人の所得 - 国内の外国人の所得$$
$$\equiv GDP + 所得収支$$

の関係です。すると，

$$GNP \equiv 内需 + 貿易・サービス収支 + 所得収支$$
$$\equiv 内需 + 経常収支$$

になります。したがって，【公式4-2】は次のように書き換えられます。

経常収支 ≡ （民間貯蓄－民間投資）＋（税金－政府支出）
　　　　≡ 民間部門の純貯蓄＋政府部門の財政収支

【公式4-3】I-Sバランス・アプローチ(2)

この【公式4-3】を直観的に考えてみましょう。すでに説明したように，国際収支は海外とのカネのやり取りの記録です。やり取りによって生じた黒字は，海外から入ってきたとはいえ，国民が使えるお金なのです。ここには，海外で販売された財の売上額だけではなく，所得収支に計上されるような海外の投資からの利益も含まれるはずです。また，海外からの支援や送金も同じように考えることができます。

日米から日米中の時代へ

わが国の貿易相手国の順位にも変動が見られます。2005（平成17）年には対中貿易が対米貿易を上回り，貿易相手国のトップがアメリカから中国（香港を含む）に代わりました。さらに同年には，中国の外貨準備がわが国を抜いて世界一になったことも伝えられました。また，図4-3からも分かるように，2000年以降はわが国に代わって中国がアメリカにとって最大の貿易赤字国になっています。

ここで経常収支のいま一つの意味を考えるために，国際収支の仕組みに関する【公式4-4】を示しておきます。国際収支の項目である資本収支とは，所得収支を生み出す直接投資や不動産売買自体の記録で，日本企業がアメリカの土地を購入すれば，資本収支の赤字（資本流出）として記録されます。わが国の経常収支の黒字（ドルの受け取り）は資本収支の赤字か外貨準備の増加によって帳消しになります。資本収支の赤字とは，資本の流出であり，これによって対外資産が増加し，対外負債が減少したことを示します。また，アメリカの経常収支の赤字は資本収支の黒字によって帳消しになります。資本収支の黒字とは，資本が流入しており，対外負債が増加し，対外資産が減少していることを示します。そこで，国際収支を定義すると

> 国際収支の項目は経常収支，資本収支および外貨準備の増減から構成され，
> 　国際収支≡経常収支＋資本収支＋外貨準備の増減＝0

【公式4-4】国際収支の定義

となります。ただ，2014年から国際収支関連統計において，主要項目の組み替えや表記方法等が変更されました。

【公式4-3】から分かるように，経常収支の黒字と国内貯蓄の超過分，すなわち，（民間貯蓄＋税金）－（民間投資＋政府支出）は事後的に一致するので，家計や企業の民間貯蓄は高い利子を求めて国際金融市場に供給されます。そして，民間貯蓄の少ないアメリカでは，企業は国際金融市場を通じて投資資金を調達することになるのです。つまり，おカネの借り手であるアメリカ企業の生

図4-5 わが国の国際収支

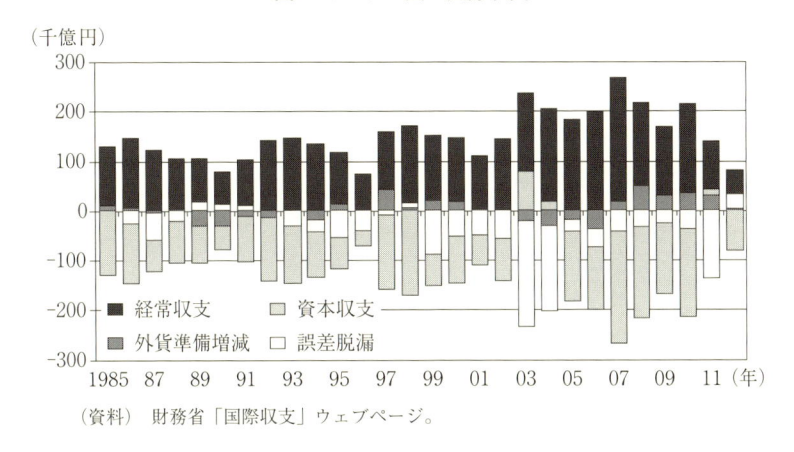

(千億円)

凡例:
- 経常収支
- 資本収支
- 外貨準備増減
- 誤差脱漏

(資料) 財務省「国際収支」ウェブページ。

産技術は海外諸国の貯蓄によって支えられているといってもよいでしょう。これが資本流入です。

近年，わが国からの資本流出（海外への投資）が少ない場合，外貨準備がふくらんでいます。外貨準備とはなにを意味しているのでしょうか。外貨準備の増加（**図4-5**ではマイナス方向の棒グラフ）とは資本収支と同様に，日本銀行や財務省が外国に貸し出していることを示します。

すでに述べたように，外貨準備はその多くがアメリカの財務省証券（国債）の購入によって運用されています。つまり，アメリカにおカネを貸していることと同じです。**図4-6**に示すように2013年6月時点で，わが国の保有高は1兆834億ドルに達し，1兆2758億ドルの中国に次ぐアメリカ国債保有国となっています。外国の保有しているアメリカ国債のうち42％を日中両国で持っています。

第5章で詳細に説明しますが，わが国の国債発行残高は2013（平成25）年度末に累積で750兆円となり，GDP比でおよそ1.6倍に達しています。アメリカも金融危機後の経済対策などによって債務が増えており，2013年7月末現在，連邦政府の債務残高は16兆7000億ドルで，GDP比では1.05倍となりました。しかも，それを保有者ベースで見ると異なる見方ができます。というのも，わ

第4章 貿易大国から投資大国へ　83

図4-6 アメリカ国債（財務省証券）の保有残高

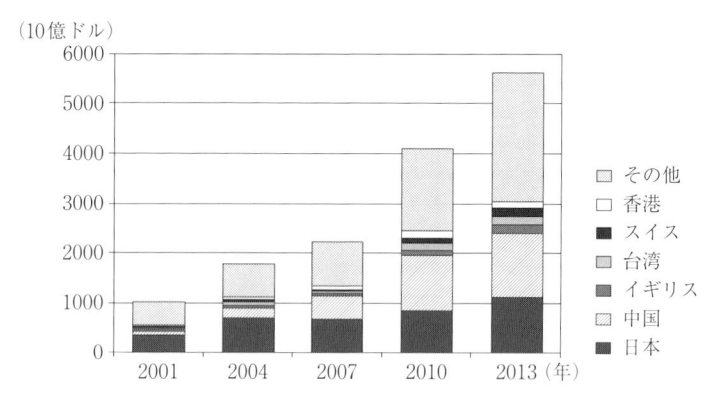

(10億ドル)

凡例：その他／香港／スイス／台湾／イギリス／中国／日本

（資料） U.S. Department of Treasury, Resource Center ウェブページ。

　が国の国債は国内の金融機関や個人がおよそ9割を購入している内国債といわれます。購入資金の源泉は貯蓄なので，日本国民が購入しているという見方もできます。

　他方，アメリカの国債のうち，5兆億ドル以上が外国債として販売され，外国の中央銀行や金融機関などが購入しています。もし，国債市場において日本政府や金融機関などがアメリカ国債を購入しなければ，国債価格が下がり国債の利子が高くなる可能性があります。その場合，国債の利払いや償還費に充てる国債費も増加するので，財政赤字はさらに拡大することになるでしょう。このように，日本や中国などの財・サービス収支の黒字国が，アメリカの企業投資だけでなく政府支出も支えているのです。

　以上の説明で，貯蓄の重要性を再認識できたことでしょう。しかし，貯蓄については気がかりなデータがあります。勤労者世帯を対象とする家計調査ベースで見ると，わが国の家計の貯蓄率は1989（平成元）年以降，25％程度で大きな変化は見られません。ところが，国民経済計算を見ると，1989年度にはおよそ15％であった家計貯蓄率は2011年度には1.3％になっています。このような変化が生じる理由の一つに高齢化があるといわれています。人間のライフ

サイクルでは，生産年齢（16歳～64歳）において貯蓄を増やし，高齢になるとそれを取り崩すと考えられるのです。つまり，今後わが国で高齢化が進めば貯蓄率が減少する可能性は高いでしょう。

I-Sバランス・アプローチによれば，経常収支の黒字は貯蓄と投資の差と等しいので，貯蓄の減少は経常収支の黒字を減少させる要因になります。アメリカの経常収支の赤字が外国からの資本流入によって維持されていることから，持続性は継続的な課題となっています。これらは経常収支の黒字を持つわが国や中国から流入しているので，わが国の貯蓄率の低下はわが国の経常収支の黒字を減少させるだけでなく，アメリカへの資本流入の余地を小さくする可能性があるからです。

しかし，わが国に対する影響はこの程度では済まない可能性があります。わが国では経常収支の黒字が維持できるかどうか考えなければなりません。というのも，貯蓄率の低下は金利の上昇につながり，日本企業が海外から資金を調達する必要性が生じるからです。しかも，財政赤字を抱えるわが国も双子の赤字に陥ってしまう可能性すらあるのです。すでに2013年の経常収支は原油輸入額の増大などもあり，赤字になりました。

世界の決済の多くで使用されるドルを通貨とするアメリカとは異なり，わが国の双子の赤字はドル不足に直結します。ドル不足になれば，長期的には円安になってわが国の輸出額は増加するかもしれません。けれども，個人や企業の自由な経済活動が制約されることは想像に難くないでしょう。

第5章　大きな政府か, 小さな政府か?

5.1　政府支出の目的と役割

「政府がしている救済活動」とはどんなものか？

　第3章では国内の民間消費・投資需要を，第4章では輸出・輸入（国外の需要）を説明しました。そして，国内総支出（GDE）の中で，政府支出の項目だけが残されたままになっています（GDEの項目については，第2章を参照）。本章の目的はこの項目を説明することにあります。

　では，なぜ政府支出は独立した章で取り扱われるのでしょうか。その理由は主として二つあります。

　第一の理由は，政府支出が基本的に"政策"上の必要から決定されるからです。そして，政策上なぜ必要かについては第2章で簡単に触れましたが，詳しい説明は後回しにしましょう。

　第二の理由は，政府による経済取引がいつも国民の自由意思を反映しているとは限らないからです。私たちがショッピングを楽しむとき，そのモノが自分にとって有用であり，手頃な値段であるからこそ，おカネを出して買うのです。ところが，政府が供給する公共財や公共サービスは，すべての国民に歓迎されるとは限りません。すなわち，すべての納税者の希望通りに，税金が使われるわけではないからです。たとえば，どこかの道路を舗装しても，小・中学校の

義務教育費をタダにしても，その恩恵をまったく受けない人もいます。

　要するに，民間の経済取引では，「モノ」と「カネ」とが人々の自発的な意思で交換されているのに対して，政府の経済取引では，「モノ」だけが，あるいは「カネ」だけが一方的に動いている関係が多くあります。このように，政府の経済取引には強制的な側面があるだけに，"公平"とか"民主的"といった基準が強く要求されるのです。

政策の目標①──資源配分の役割

　ここで，第一の理由である政策の目標を説明することにしましょう。

　政策目標は三つあります。すなわち，①資源配分，②所得再配分，および③経済の安定化を目指すことです。以下では，それぞれの役割について説明していくことにしましょう。

　甘い汁のあるところに蟻はたくさん群がってきます。しかし，酸いも甘いもあるのが世の中です。酸い（＝みんなが嫌がる）ものがなければ，甘い（＝みんなが喜ぶ）ものも活きてきません。この誰もが寄りつきたがらない酸いものを育てていくのが，政府による資源配分の役割です。

　たとえば，ゴミ処理の問題があります。民間の清掃業者が各家庭から代金を受け取ってゴミ収集する商売を始めても，まず成功しないでしょう。というのも，多くの家庭は代金を払ってゴミの収集を清掃業者に頼むよりも，人目につかない場所に投げ捨てると思われるからです。現に，美しい富士山の裾野にはゴミが散乱しています。

　あるいは，財産を守り安全で快適な生活を営むために，警察官や消防士を雇い，道路や上下水道を敷設する必要があります。しかし，民間業者に任せるには，建設費や維持費がかかりすぎる割に，それを回収するだけの料金の徴収が難しいです。さらに，いったん誰かがこれらを雇ったり敷設したりすると，近所に住む人々は料金も支払わずにその恩恵にあずかることができます。すなわち，フリー・ライド（ただ乗り）しやすい性質を備えているのです。

　例に挙げた清掃処理施設や道路・上下水道などの財貨，あるいは防犯・防火のための警察や消防などのサービスは，経済学で公共財とか公共サービスと呼

ばれています。ちなみに、これらの性質には非排除性と非競合性の二つが挙げられます。まず非排除性もしくは同時消費ですが、たとえば警察や消防などのサービスは費用負担の有無にかかわらず地域住民全体に及ぶ性質を持っています。しかも使用料や代金を設定することは難しく、支払っていないからといって警察や消防サービスを提供しないわけにはいきません。次に、非競合性もしくは等量消費ですが、ある住民が公共サービスを受けても、他の住民はその分減ることはありません。同じ量に相当するサービスが受けられる性質を持っています。このような公共財とか公共サービスは、市場の失敗といわれるように民間の商業ベースに乗りにくく、放っておくと充分に提供されないという性質を備えているため、政府が直接国民に提供する必要があります。

　政府がアシストしてこれらを間接的に提供するケースもあります。電力・ガス・水道・交通など公益性の著しいものがそれに当てはまります。これらの事業を始めたり拡張する際には、施設や設備の建設に多くの費用がかかります。すると、資金力の豊富な企業しかその事業を手がける機会がありません。その結果、生産・販売が一社に集中して、独占供給になってしまうでしょう。独占事業になると料金も高くなり、一部の人しか購入できなくなります。そこで、多くの人々が利用できるように、政府はこれらの事業を公企業体にしたり、あるいは料金設定を認可制にして低価格に抑えようとするのです。

　ところが、公社・公団のような公企業体の形ではしばしば"親方日の丸"式になって、経営努力も行なわれず赤字体質の経営に陥ってしまう危険があります。しかも、赤字が税金で埋め合わされると、国民に新たな負担を強いることになります。かつての日本国有鉄道（国鉄）がその典型的な例でした。そこで、経営の効率化を目指してJR、さらには日本電信電話公社がNTTに、日本専売公社が日本たばこ産業（JT）に次々と民営化されました。最近では、小泉内閣の下で進められた郵政民営化が記憶に新しいところでしょう。

政策の目標②――所得再分配の役割

　日本国憲法の第25条では、すべての国民は健康で文化的な最低限度の生活を営む権利が保障されています。すなわち、現代の民主主義社会では、社会的

図5-1　各国の中央政府歳出に占める社会保障費の比率

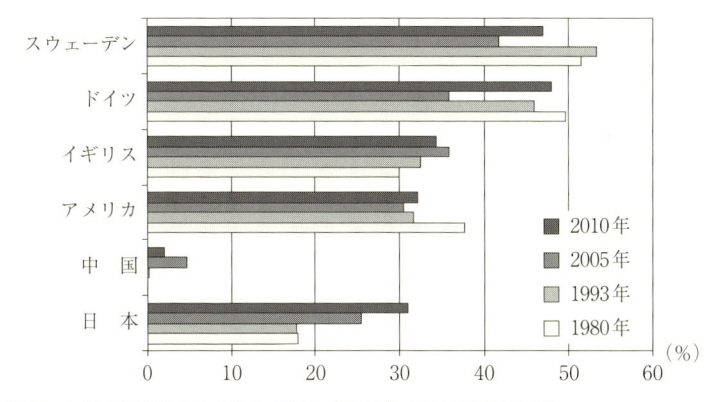

凡例：■ 2010年　■ 2005年　□ 1993年　□ 1980年

(注)　1. 調査年が前後する場合がある（例えば，2010年と2011年）。
　　　2. 1980年の中国はデータなし。
(資料)　矢野恒太記念会『世界国勢図会』1996/97, 2007/08, 2008/09, 2013/14より抜粋。

　弱者の生活保障は昔のように篤志家（とくしか）の厚意にすがるのではなく，政府（＝国民）の義務になっています。そのため，病人には国民健康保険，失業者には雇用保険，老人には老齢年金保険などの制度が整えられています。あるいは，税制の面でも，個人の所得額が増えると，税率が高くなって納税額も増える累進税率が用いられています。

　このように，裕福な恵まれた人々から社会的に恵まれない人々へ，モノやカネが動くメカニズム（＝所得再分配の機能）をきめこまかく組み込んだ社会が「福祉国家」です。

　「ゆりかごから墓場まで」という言葉があります。第二次大戦後，イギリスの労働党が掲げたスローガンです。ヨーロッパ諸国の中でも，特にスウェーデンは福祉の行き届いた社会として知られています。政府歳出のおよそ半分が社会保障関係費です。ドイツもスウェーデンとほぼ同じ比率を占めています。ところが，日本も1973（昭和48）年度は「福祉元年」と呼ばれ，老人医療の無料制度を実施（10年後に廃止）するなど，福祉政策の充実が試みられました。事実，国家財政の歳出経費のうち社会保障関係費の占める割合は，福祉元年に

第5章　大きな政府か，小さな政府か

15％だったのが，2010（平成22）年には，およそ30％まで上昇してきています。しかし，この比率もまだヨーロッパ各国と比べると低い数字を示しています（**図5-1**を参照）。

しかし，この比率が高ければよいわけではありません。福祉手当が厚くなれば，マイナスの影響も生じてきます。

第一に，当然のことながら，国民への税金や社会保険料の負担額が大きくなります。第二に，国民から自力自助の精神が失われ，労働意欲がそがれて経済活動を停滞させる原因にもなります。第三に，社会保障費の給付は景気の好・不況によって変動する性質のものではありません。したがって，社会保障費の割合が高くなると政府支出が硬直的になってしまい，弾力的な財政政策を行なう余地が少なくなってしまいます。

いま，日本は少子・高齢社会を迎えています。2013（平成25）年現在，65歳以上の老齢者は総人口の約25％です。ところが，2030年頃には，その比率が約32％になると予測されています。10人に3人が高齢者という老人大国になります。いうまでもなく，高齢者が増えると退職者も増え罹病率も高くなって，老齢年金保険や医療保険の支払いが増えていきます。

このような状況の中で，政府は安易に社会保障制度に頼るべきではないでしょう。むしろ政府が採るべき高齢者対策は，シルバー・エイジの雇用機会を増やしたり定年延長や再雇用制度を企業に勧告しながら，若年者の負担を軽くする方向へと進むべきでしょう。

政策の目標③──経済安定化の役割

日本株式会社は"打出のこづち"ではありません。必要なモノ，欲しいモノを無尽蔵に作り出すことはできません。日本株式会社には生産能力の上限があります。したがって，生産能力を上回る注文（＝総需要）があると，注文に応じきれずモノの値段が上がって，インフレにつながります。逆に，充分な注文がなければ，モノが売れなくて不況になり，失業者が巷にあふれてしまうでしょう。前者の場合に経済は供給制約の状態に，後者の場合に経済は需要制約の状態にあると呼ばれています。

現実には，いつも生産能力にちょうど見合った需要が生み出されているわけではありません。むしろ両方の釣り合いが取れていないために，景気はしょっちゅう過熱したり冷え切ったりするのです。たとえていうと，景気の浮き沈みとは"でこぼこ道"のようなものです。そして，このでこぼこをできるだけ少なくして滑らかにするのが，政府による安定化の役割ということになります。

　景気の浮き沈みを安定させる方法が二つあります。①生産能力を調整するか，②需要サイドを調整するかです。時間的な制約からいえば需要サイドを調整するほうが即効性はあります。ケインズ（イギリスの経済学者）の主張した"有効需要の管理"とは，財政・金融政策を用いて総需要を調整しながら景気をコントロールする方法を指しています。

> 　景気が落ち込んだとき拡張的な財政政策を用いると，政府支出が増え，経済全体の総需要（GDE）が底上げされて，景気回復への軌道に乗せることができます。

【公式5-1】有効需要の管理

　財政政策だけでなく金融政策も，需要を刺激したり抑えたりする手段になります。たとえば，日本銀行が短期金融市場の金利引き下げを目的に政策金利を引き下げると，それに連動して銀行の貸付け金利も下落します。すると，第3章で説明したように，金利効果が働いて住宅投資や設備投資を刺激することになります。反対に，政策金利を引き上げると，民間の投資需要を抑制する効果が働きます。最近では，日本銀行は低金利政策を続けたため，引き下げ余地がなく，量的緩和政策に切り替えています（詳しくは147頁参照）。

　それでは，財政政策と金融政策のどちらが，経済の安定化にとって有効でしょうか。

　まず，財政支出を実施する場合には，財務省の予算編成から始めて，衆議院での予算委員会の審議を経て，議会の承認を得なければなりません。また，予算折衝でも政策本来の目的が見失われて，各省庁間の縄張り意識だけが表面化するケースが多く見受けられてしまいます。このような意味で，金融政策は財

政政策よりもはるかに機動性に富んでいます。

　さらに，財政支出の項目の中で，社会保障関係費や国債費（国債費については，次節を参照）などのウェイトが高くなると，財政支出が硬直化し，景気の浮き沈みに合わせた弾力的な運用ができにくくなる点も考慮すべきでしょう。

　以上ここまでは，政策の役割について説明してきました。それらのいずれの役割に関しても長所と短所を備えています。それゆえに，政府にあまりにも大きく依存した社会は，いったん泥沼にはまると身動きの取れない状況になってしまいます。かつてのソ連経済や東欧経済がそれを如実に物語っていたといえるでしょう。

　日本経済も1970年代後半から深刻な財政問題を抱えるようになりました。すなわち，「財政赤字」と「社会保障」の問題です。以下では，この問題を取り上げていくことにしましょう。

5.2　政府の財政は火の車

「金持ち国」のはずなのにどうして財政赤字になるのか？

　1973（昭和48）年の第一次石油ショックを境に，日本経済は高度成長から安定成長時代へと構造転換しました。そして，経済が減速すると，企業の利潤も個人の所得も伸びなくなり，そのために，法人税や所得税の収入が落ち込む結果になってしまいました。

　一方，景気回復に必要な有効需要の管理政策（【公式5-1】を参照）として，公共事業関係費が増えたこともありますが，2000（平成12）年度以降その比率は減少しています。また，他の歳出の比率も減少傾向にあります。それに対して，社会保障関係費は著しく伸び，政府支出が税収を上回るほどにふくれ上がってしまったのです。すなわち，政府は財政赤字の体質に染まってしまったのです。

　財政赤字になれば，赤字の埋め合わせに政府は国民から借金せざるをえなくなります。この借金の証文が国債です。ただ，国債には建設国債と特例国債の

2種類があり，そのうち政府の投資支出の借金に充てられるのが建設国債で，政府の消費支出の赤字に向けられるのが特例国債です。そのため，特に後者を赤字国債と呼んでいます。そして，財政赤字との関連で問題になるのは特例国債のほうです。

　国債は借金の証文です。それゆえに，何年か先に利子をつけて返済する義務があります。いうまでもなく，国債の償還には税金が使われます。したがって，国債を発行した時点では税収以上の政府支出があり，国債を償還する時点では政府支出は税収以下になっていなければなりません。すなわち，国債が償還されたときの世代から，国債が発行されたときの世代へ，所得が移転されたことになります。いわば，親の借金を子供が返済しているようなものです。

　このような考え方に基づくと，建設国債の場合には，国民からの借金が道路，上下水道，橋，文化ホールなどの各種施設の建設費に充てられますが，これらの施設は長期間にわたって利用されるために，建設費用の一部を将来世代に負担させても問題にはなりません。ところが，政府の最終消費支出から受ける恩恵は将来世代にまで及ばないので，この種の借金は原則的に財政法で禁じられています。ただ，不況から抜け出す緊急措置として，特に例外として認められた借金ゆえに特例国債と呼ばれているのです。

　この特例国債の発行は1975（昭和50）年度以降，第二次石油ショックに伴う不況で税収が落ち込んだために急速に増え続けていきました。政府支出のうち，新規の国債発行で賄われた割合（公債依存度）は，1979（昭和54）年度の約35％をピークにいったん下がりましたが，平成不況とともに1992（平成4）年度から再び増え始め，最近では40％を超える大きさを示しています。

まさに雪ダルマ，国債が国債を呼ぶ

　1975（昭和50）年度以降，大量に発行された国債の大部分は償還期間が10年でした。その償還が1985（昭和60）年度から始まりました。ところが，償還コストを税収で支払うことが結局できなかったのです。それで，国債を償還するために，さらに新たな国債を発行せざるをえなかったのです。このような国債を借換債と呼びますが，いわばサラ金の返済に困って，別のサラ金から借金す

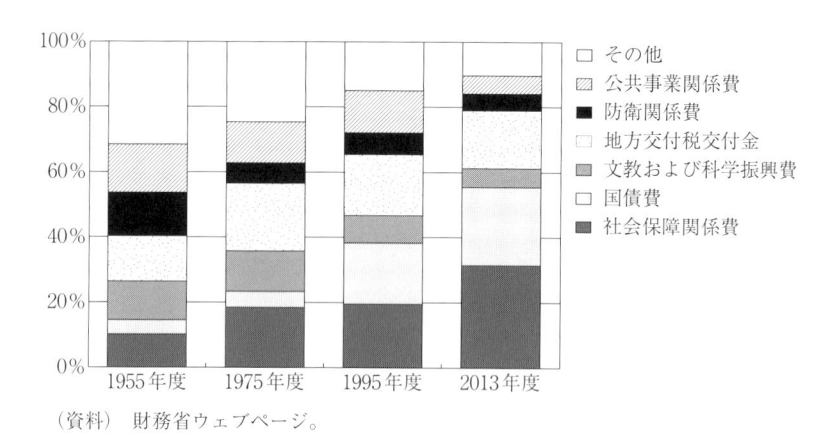

図5-2 一般会計歳出の推移（当初ベース）

凡例：
- その他
- 公共事業関係費
- 防衛関係費
- 地方交付税交付金
- 文教および科学振興費
- 国債費
- 社会保障関係費

（資料）財務省ウェブページ。

るようなものです。

　このようにして，国債が増え続けた結果，2012（平成24）年度末で建設国債と特例国債の残高は705兆円になりました。政府は国民一人当たり約554万円の借金をしている計算になります。

　国債残高が増えると，当然利子の支払い額も増えてきます。このような利払費も含めた国債費が年々大きくなり，社会保障関係費と国債費を合わせた費用の政府支出に占める割合は，いまや50％を上回る数字を示しています（図5-2を参照）。その結果，弾力的で裁量的な財政支出の運用がますます難しくなり，「財政の硬直化」を招くようになりました。すなわち，政策目標の一つである経済の安定化機能の働く余地を少なくしてしまっています。

財政再建への途

　このように国の財政は借金地獄ですが，このまま行けば果たして財政破綻への途は避けられないのでしょうか。

　この問題を考える場合，家計が住宅を購入するときに銀行から借りる住宅ローンを思い浮かべてください。住宅ローンを抱えている家計は，国と同じよう

に借金しているのです。借金する場合，銀行は家計の所得額をベースにして貸出額を決めます。すなわち，貸出額の大きさは月々返済可能な水準になります。さらに，所得額の大きさが毎年増えていく可能性があれば，銀行からの借り入れは容易になります。したがって，このような視点から国の赤字財政を考えていくことにしましょう。

国の財政が破綻することのない持続性について問題にするとき，プライマリー・バランス（基礎的財政収支）という概念が重要になってきます。プライマリー・バランス（PB）の定義は，以下の通りです。

$$PB \equiv 税金や印紙収入などの税収 - 国債費を除いた政府支出$$

国の一般会計予算ですが，歳入の項目は税収と公債金収入（新規に発行される国債）です。一方，歳出の項目は一般歳出（公共事業費や社会保障費など）や地方交付税等の政府支出と国債費を合わせたものです。もしPB＝0ならば，PBの定義より《公債金収入＝国債費》になります。すなわち，新規に発行される国債の収入は，過去に発行された国債の償還のみに充てられます。言い換えれば，借金の返済は借換債の発行で済まされ，その他の歳出は税収で賄うことができるのです。したがって，少なくともPB＝0であれば，財政破綻の危険はないといえるでしょう。

ただ，ここで注意しておかなければならないことは，住宅ローンの場合，返済期限が15年とか20年と決められています。政府も同じように，国債残高をゼロにするという目標を立てた場合，税収の増加によってPB＞0になれば，年々国債残高は減少していきます。ところが，PB＝0の状態で持続的な財政を実現する条件として，ドーマーの法則が知られています。

> 国債の利子率よりも名目GDPの成長率が高ければ，国債残高の対GDP比率は縮小し，持続可能な財政が維持できます。

【公式5-2】ドーマーの法則

【公式5-2】の重要な点は，たとえ国債残高それ自体は減らなくても，高い

図5-3 債務残高の対GDP比

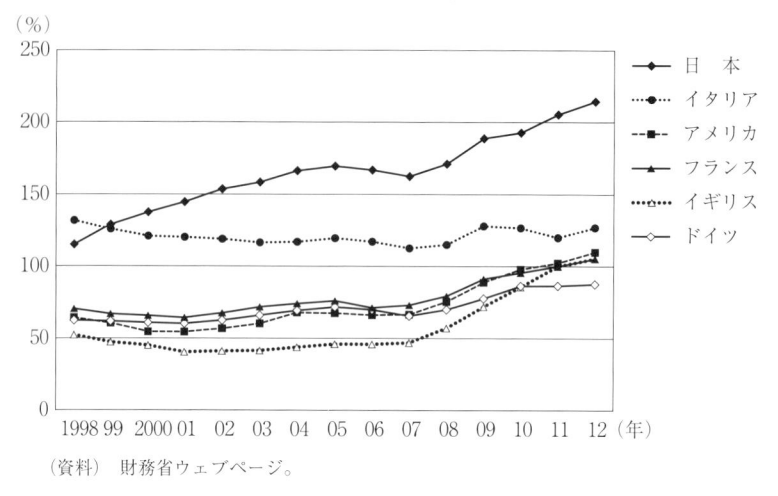

（資料）財務省ウェブページ。

経済成長が実現されれば，公債依存度が低くなっていくことを主張していることです。**図5-3**には，国と地方を含めた債務残高の対GDP比が描かれています。明らかに，日本は他の先進国と比べて非常に大きい値を示しています。まさに借金大国です。いうまでもなく，1990年代，日本経済は不況に見舞われ，名目成長率は低く，ときにはマイナスの成長率にもなりました（22頁の**図1-2**を参照）。一方，不況対策として多額の赤字国債が発行されたため，ドーマーの法則の条件が揃わず債務残高の対GDP比は上昇し続けたのです。そのため，財政再建には高い経済成長が不可欠と主張する論拠はここにあります。

地方分権への流れ

政策目標の一つである資源配分の役割は，基本的に都道府県や市町村の地方自治体が担うことになります。外交・司法・防衛などは国が提供するサービスですが，道路や学校を造ったりゴミの収集などは基本的に地方自治体の管轄です。

地方自治体が地方公共財や地方公共サービスを提供する財源には，主に四つ

あります。すなわち，①地方税，②地方交付税，③国庫支出金，④地方債です。

①の地方税は住民税や不動産を所有している人に課せられる固定資産税，あるいは地元企業への事業税などです。この地方税収は歳入全体の約35％（2012（平成24）年度）なので，地方財政の半分以上を占める地方公務員の給与や一般の行政サービスなどの必要経費すら賄うことはできません。そこで，歳入の不足分として国から地方に二つの財源が与えられています。

まず，②地方交付税ですが，国税5税（所得税，法人税，消費税，酒税，たばこ税）の一定割合が国から地方へ向けられる財源で，歳入全体のおよそ18％（2012年度）ほどです。この交付税の目的は，地方自治体の間の格差をなくすために与えられるものです。人口が少ないため税収の低い過疎の村など手厚いところもあれば，東京都のようにもらっていないところ（不交付団体と呼ぶ）もあります。そして，交付税は一般財源なので使い途は決められていません。

③の国庫支出金はいわゆる補助金と呼ばれ，使い途が限定された特定財源です。この補助金は地方交付税よりも少なく，歳入全体のおよそ16％（2012年度）です。国庫支出金がある理由は，地方公共財やサービスには他の自治体に便益を及ぼすスピルオーバー効果があるからです。たとえば，ある地方自治体が水害防止のために河川の修復をする計画があるとしましょう。河川の修復は当該自治体だけでなく，下流の自治体にも恩恵を与えます。ところが，河川の修復費を全額自治体に負担させると，予算の関係で充分な規模の修復ができず，その恩恵が下流地域に及ばないかもしれません。そこで，国が補助金を交付して，下流地域にも恩恵を与えるような規模の河川修復を着手させる狙いがあります。

④の地方債は国債と同じで，①～③の財源だけでは地方財政の歳出をカバーできないので，地方自治体による借金です。現在，歳入全体のおよそ12％（2012年度）を占めています。国・地方の債務残高は2012年度末でおよそ940兆円，対GDP比の約2倍の大きさになっています。

近年，地方分権推進の主張が高まり，三位一体の改革が唱えられています。その三位一体の改革とは，以下の三つを指しています。

(1) 国から地方への国庫支出金を減らす

(2) 税源を国から地方に移す

(3) 地方交付税を見直す

まず(1)の国庫支出金を減らす目的は無駄な公共事業をなくすためです。というのも，国は各地方の事情を精査せず，杓子定規に全国一律で補助金の使い途を特定するからです。その結果，ほとんど利用されない道路工事やトンネル工事が進められてしまいます。

当然，国庫支出金が減ると，地方財政は苦しくなります。(2)の税源移譲はその減少分をカバーするためです。すなわち，地方税収を増やすことになります。そこで，2007（平成19）年1月から国税の所得税から地方税の住民税へ3兆円の税収が移譲されました。

(3)の地方交付税の見直しですが，これは特定補助金から一般補助金へのシフトを意味しています。地方によっては，道路や河川整備などの公共事業よりも学校や病院などの福祉サービスを充実させるほうが重要かもしれません。地方自治体の実情に合わせた行政サービスを提供するためには，使い途の限られた国庫支出金よりも自由に使える地方交付税のほうが望ましいのです。地方分権を進めるためには，欠かせない措置です。

5.3 社会保障制度と国民の負担

ナショナル・ミニマムを保障するのは国の責任

日本国憲法の第3章「国民の権利及び義務」の第25条第2項に，「国は，すべての生活部面について，社会福祉，社会保障及び公衆衛生の向上及び増進に努めなければならない」とあります。これを実行するのが，政府の所得再分配の役割です。各自の人生で出会うかもしれない困難を国民全体で助け合い，ナショナル・ミニマム（最低限度）の生活を保障するために社会保障制度が設けられています。たとえば，病気や怪我をしたときは医療保険で，失業したときには労働保険で，老齢になったときには公的年金や介護保険など，さまざまな社会保険でカバーします。このような社会保険以外に，社会保障制度には，児童福祉や障害者福祉などの社会福祉，生活困窮者への生活保護，疾病の予防に

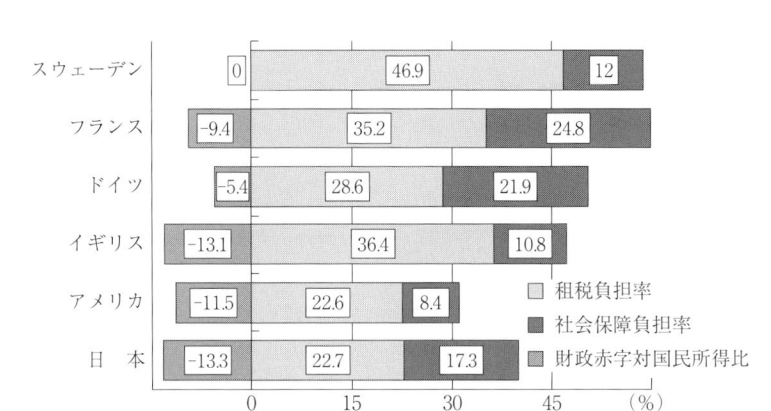

図5-4 租税負担率と社会保障負担率の国際比較

国	財政赤字対国民所得比	租税負担率	社会保障負担率
スウェーデン	0	46.9	12
フランス	-9.4	35.2	24.8
ドイツ	-5.4	28.6	21.9
イギリス	-13.1	36.4	10.8
アメリカ	-11.5	22.6	8.4
日本	-13.3	22.7	17.3

(注) 1. 日本のみ2013年度，諸外国は2010年。
2. 財政赤字の国民所得比：日本とアメリカは一般政府から社会保障基金を除いたベース，その他の国は一般政府ベース。
(資料) 財務省ウェブページ「国民負担率の国際比較」より。

向けた公衆衛生なども対象になっています。

　元来，保険とは，思いがけないリスクに直面した人を他の人たちで助け合うために，リスクをプールする仕組みです。すなわち，健康な人から病気の人へ，働いている人から失業している人への所得移転でもあります。この仕組みを国が管理しているので社会保険と呼びます。

　日本では，1961（昭和36）年に，すべての国民が医療保険と公的年金に加入する国民皆保険・国民皆年金が始まりました。そのため，国民は税金と同じように，社会保険料を国に支払う義務があります。

　図5-4には，主だった先進国における租税負担率と社会保障負担率が図示されています。スウェーデンは国民所得のうち租税と社会保険料の占める割合が高く，60％を占めています。福祉国家のモデルといわれるだけに，国民への負担は非常に大きくなっています。その他のヨーロッパ諸国も半分以上，もしくはそれに近い割合になっています。ところが，日本とアメリカはヨーロッパ諸国よりも低いのが特徴です。ちなみに，日本の2013（平成25）年度の国民

負担率は40％です。

ただ、租税負担率や社会保障負担率が低いからといって、国民の福祉水準が低いとはいいきれません。NPOによる各種の慈善事業や国民の寄付行為などが活発であれば、負担率が低くても国民の福祉は行き届いている場合もあるからです。

国民の関心が高い公的年金

最後に、日本の社会が高齢社会に突入している現在、最も関心の高い公的年金について説明します。まず、年金財源には三つの方式があります。それを公式で説明しますと、

> 人生の若いときに払い込んで積み立てた年金保険料に、老齢になったときに運用収益を加えて年金額を受け取るのが積立方式です。一方、若い人の払い込んだ年金保険料を老齢者の年金支払いに充てるのが賦課方式です。そして、税金を年金あるいは年金の一部支払いに充てるのが税方式です。

【公式5-3】年金財源方式

積立方式は、基本的に老後の収入を自分で手当てすることになります。この場合、重要な点は運用収益の大きさです。利子率が高いと運用収益も高くなります。ただ、積立方式の欠点は、将来インフレが進むと老後に受け取る年金の実質額が減ります。すなわち、インフレに弱い方式です。さらに、社会保険料の計算に際して、国民全体の平均寿命の長さにも依存します。平均寿命が長くなれば年金保険料も高くなります。このように、積立方式は、同じ世代の中でリスクをプールするので、短命な人から長命な人へ所得が再分配されることになります。

一方、賦課方式は、現役世代が老齢世代を支えるシステムです。すなわち、現役世代から集めた年金保険料が老齢世代に年金額として支払われるので、現役世代から老齢世代へ所得が再分配されることになります。そのため、年金を長年にわたって積み立てる必要もありませんので、インフレに影響を受けるこ

とはありません。また、現役世代が増え続けるようなピラミッド型の人口構成では問題ありません。しかし、逆に少子・高齢社会に向かっていく場合には、一人の老人を支える若い人の数が減るため、現役世代の負担が増えていくことになります。

　このように、いずれの方式にも一長一短があります。現在の日本では、当初は積立方式を採用していましたが、年金の給付額を増やしたために、賦課方式も一部採り入れた形の修正積立方式と呼ばれる財源になっています。また、給付額については2階建て方式になっていて、1階部分はすべての国民が共通して国民年金に加入し、基礎年金を受け取ります。この基礎年金の一部は税金で手当てされています。そして、2階部分は、給与所得者が加入する厚生年金や公務員などが加入する共済年金から支給されます。

　また、ニュージーランドやカナダで採り入れられているのが税方式です。この方式ですと、税金から自動的に年金支払いに自動的に繰り入れられますので、不払いがなくなります。そして財源として考えられるのは消費税ですが、この場合、高齢者も年金を受け取るだけではなく同時に負担もすることになり、世代間の不平等は小さくなるといわれています。ただ、日本では現実にはすでに基礎年金には税金が充てられていますので、この割合を増やして全額を税で賄うところにこの方式のポイントがあります。

第Ⅲ部
日本経済の供給サイド

いままで繰り返し述べてきましたが，日本株式会社が1年間で作り出す最終生産物がGDPです。ところが，「無から有は生じない」ように，GDPを産み出すためには各種の生産資源が必要になってきます。日本の国で働く人々はこれらの生産資源をさまざまにアレンジしながら，日々いろいろなところで，仕入れ・生産・配達・販売などの業務に携わっています。GDPは汗水を流してこれらの仕事をした結果なのです。

　本書ではGDPをめぐる経済トピックスを取り扱っています。まず，第Ⅰ部では，日本経済のスケールを表わすGDPの概念とその内容を説明してきました。そして第Ⅱ部では，日本経済という車体を動かす車輪の一方である需要サイドを説明してきました。そこで，第Ⅲ部では，もう一方の車輪である供給サイドに目を向けていくことにします。すなわち，GDPを産み出す生産資源の特徴を描き出すことが目的です。

　生産資源あるいは経営資源とは，「ヒト・モノ・カネ」であるといわれてきました。最近では，それに「情報」がしばしば付け加えられます。これらの生産資源が単に存在するだけでは意味をなしません。これらを有機的に結びつける「組織」が必要で，効率的な生産はその組織の形態に依存しています。組織の最も代表的な形が「会社」であり，その中でも「株式会社」が重要な位置を占めています。そこで，第6章では，株式会社の枠組みと日本型経営についての説明から始めていくことにします。

　個々の生産資源の中でも最も重要な資源は「ヒト」です。そのうえ，国土が狭く，天然資源に恵まれない日本では，とりわけ「ヒト」が重要な生産資源になっています。この「ヒト（＝労働力）」の問題を第7章で考えていくことにします。

　さらに，モノの売買がスムーズに運ぶためには，キャッシュでの支払いや，不渡りなどのない信用取引が欠かせません。あるいは，事業を始めたり投資するためには資金が必要です。このように，「カネ」は仕事を進めていくうえで潤滑油の役割を果たしています。そこで第8章では，「カネ（＝金融）」の問題について考えていくことにします。

第6章　日本型経営の行方

6.1　生産現場は企業なり

株式会社とは？

「三人よれば文殊の智恵」という諺があります。自分一人で思案してもよい智恵は浮かばないが，3人集まって相談すれば妙案が出てくるという意味です。また，戦国時代，中国地方で覇権を掌握した毛利元就が，3人の子どもたちに対し協力し合って領国経営するように申し渡しています。後世に伝えられている「三矢の教訓」の話です。

これらの諺や伝承は，たとえ個人一人一人の力が弱くても，集団でまとまって行動すれば大きな力になることを示唆しています。現代の企業が会社組織を作って，生産・販売などの経済活動を行なうのはこの理由からです。会社組織にする理由は集団の力だけではありません。生産様式の変化もあります。18世紀にイギリスで始まった産業革命以後，現代社会における生産の場が家内制手工業のような小規模生産から，工場制機械工業のような大規模生産に代わってきたのです。それに伴って，職場と住居の分離が起こりました。また，大規模な生産活動をするためには，多くの労働力や多額の資金を必要とするようになり，その結果会社組織の形態が求められてきたからです。

いうまでもなく，企業にはいろいろな形態があります。まず，私企業は個人

企業と法人企業に分けられます。日本の企業形態では，圧倒的に多数を占めているのが個人企業です。個人企業は文字通り個人経営の企業で，農家とかあるいはパン屋さんとか花屋さんなどの商店です。一方，法人企業は法律上の人格が与えられた企業で，いわゆる会社です。特に日本では，会社は自然人である人間と同じように扱う傾向があります。○○会社さんとか，御社・貴社とかいった呼び方をしばしば耳にします。この会社の中には，株式会社，有限会社，合名会社，合資会社などがあります。ただ，いままでは出資者の人数や資本金の違いに応じて株式会社と有限会社に区別されていましたが，2006（平成18）年から新しい「会社法」によって資本金の最低額が撤廃され，有限会社がなくなりました。これに伴って，資本金1円から株式会社を設立することができるようになったのです。ともあれ，資本主義経済の中心は株式会社なので，ここでは株式会社にスポットを当てて説明していくことにします。

　企業を設立するには元手（＝資金）がいります。そして，出資者である資本家が企業のオーナー（所有者）として君臨することになります。と同時に，企業経営に伴う責任も負うことになります。この責任の範囲に応じて企業の組織形態も変わってきます。その中で，資本主義経済において中心的な位置を占めるのが株式会社と呼ばれる企業組織です。そこで，株式会社の特徴をいくつか挙げておくことにしましょう。

① 株式の発行によって，多くの一般投資家から企業経営に必要な資本金を調達することができます（＝資本金の証券化）。
② 株式はいつでも売買できるので，小口の資金を集めて企業規模を拡大することができます（＝資本の流動化）。
③ 株主は自分の出資額以上の責任を取る必要がないので，資産の少ない人も大きなリスクを負わずに出資者になれます（＝株主の有限責任）。
④ 一般に出資者は企業経営に関して素人なので，専門的な管理能力を備えた経営者に企業経営を委託することができます（＝所有と経営の分離）。
⑤ 株主総会は株主の意思を決定する場で，持ち株数に応じた議決権があります（＝一株一票の原則）。

　このような株式会社の組織形態は，プリンシパル＝エイジェンシー理論で説

明することができます。そこで，公式の形でこの理論を要約しておきます。

> 株主であるプリンシパル（依頼人）は経営者であるエイジェンシー（代理人）に企業の管理・運営を委託し，エイジェンシーはプリンシパルの意向にそった企業経営をすることによって報酬を受け取ります。

【公式6-1】プリンシパル＝エイジェンシー理論

日本型経営は労使協調路線

【公式6-1】に従えば，経営者（＝使用者）は株主の利益を優先させた企業の管理運営を行なうことになります。たとえば，株主から集めた資本の収益率を高めたり，株価を引き上げるような企業経営です。そのため，被管理職にある労働者の利害と対立する可能性もしばしば見られます。

「株式会社は誰のものか？」と問われれば，いうまでもなく会社の所有者は株主です。経営者はあくまでも株主の代理人で，労働者は被雇用者にしかすぎません。この資本家主義の立場を明確にしているのがアメリカの企業経営です。そして，プリンシパルとエイジェンシーの絆を強めるために，経営者に対する手厚い報酬やさまざまな優遇措置が採られています。事実，アメリカの経営者の多くは日本の経営者の数十倍の報酬を受け取っています。

ところが，日本型経営の特徴は，「労使協調」とか「株主軽視」といった言葉で形容されるように，【公式6-1】とは異なった様相を示しています。すなわち，経営者と労働者の対立関係よりも，むしろ両者は協調関係にあると見なされてきました。端的にいえば，労使対立型がアメリカ企業の，労使協調型が日本企業の特徴と見なすことができます。そこで，日米間の相違をクローズ・アップして，株主，経営者および労働者の関係を描くと**図6-1**のように示すことができます。

第一に，大きな違いは日本の株主総会の役割です。最高経営責任者（Chief Executive Officer：CEO）をはじめとする取締役会のメンバーは，アメリカでは株主総会で任命されますが，日本では会社内部で決められ株主総会はそれを追

図6-1 日米の階層構造

＊会社（カンパニー）主義の日本企業

株主 → 株主総会 … 取締役会 ｛ 会長 ↑ 社長 ↑ 専務 ↑ 常務 ↑ 部長 ↑ 課長 ↑ 被管理職（ブルカラーとホワイトカラー） ← 新卒者

＊資本家（キャピタリスト）主義のアメリカ企業

株主 → 株主総会 → 取締役会

会長（CEO）
社長（COO） ← MBA取得者
管理職（ホワイトカラー）
―― 階層的断絶 ――
被管理職
ホワイトカラー
ブルカラー

図6-2 労働組合の形態（概念図）

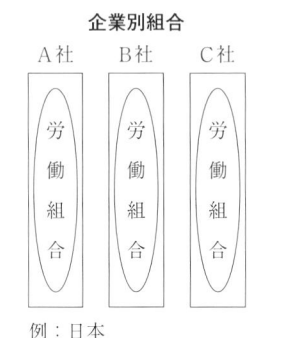

企業別組合
A社　B社　C社
労働組合　労働組合　労働組合
例：日本

産業・職業別組合
A社　B社　C社
労働組合
労働組合
労働組合
例：アメリカ（全米自動車労組（UAW），全米鉄鋼労組（USWA）など）
イギリス（運輸一般労働組合，合同機械電気組合など）

認するだけです。また,「ものいわぬ株主」と揶揄されるように,人事以外の決定事項に関しても実質的な権限はなく,株主総会はほとんどが形骸化しています。事実,多くの会社が株主総会を同じ日に開催し,短い時間で終わってしまいます。しかも,株主総会の円滑な進行を図るため,会社は「総会屋」対策を行なうこともあります。そしてときには,会社と総会屋との不透明な癒着関係が刑事事件にまで発展することもありました。

第二の違いは,経営者の出身母体に見られます。アメリカでは管理職と被管理職との間に階層的な断絶があり,会社内部出身の経営者が少ないことです。他の会社からヘッドハンティング(引き抜き)されたり,あるいは,たとえ内部昇進であっても,最初から幹部候補生として入社した社員です。彼らはビジネス・スクールを修了したMBA(経営管理学修士)取得者で構成されています。一方,日本では内部出身者の経営者が多数を占めています。高校や大学を卒業後,一般社員として入社しキャリア(職歴)を積みながら管理職へと昇進していきます。「サラリーマン重役」という言葉がその間の事情を物語っています。

このような日本的特徴が,企業における労使協調とか,会社主義といわれる企業へのロイヤルティ(忠誠心)を育む土壌になっています。さらに,企業別組合制度(図6-2を参照)も日本型経営システムの一翼を担っています。というのも,企業内組合の場合,賃金や労働時間などの雇用条件は,企業単位での労使交渉によって決められます。このような方式による交渉は,欧米で普及している職業別組合や産業別組合と違って,個別企業に見合った対応ができ,労使双方で調和的な妥協・解決を生み出すことになるからです。また,一般に労働組合の幹部を経験することは,管理職への出世コースにつながることもあります。その結果,日本の企業は労使対立よりも労使協調の方向へと進んでいったことが理解できるでしょう。

6.2 企業規模と企業グループ

前節では,株主,経営者および労働者の関係について述べてきました。すなわち,日本の会社内部における組織の形態についてです。ここでは,会社同士

図6-3 中小企業の占める位置（2009年）

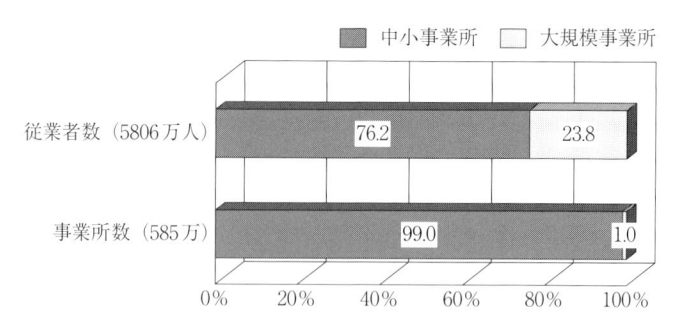

凡例：中小事業所／大規模事業所

- 従業者数（5806万人）：76.2 ／ 23.8
- 事業所数（585万）：99.0 ／ 1.0

（出所）　中小企業庁「中小企業白書」（2013年度版）より作成。

の関係について述べることにしましょう。

　企業サイズはさまざまです。大企業もあれば，中小企業もあります。**図6-3**で分かるように，日本の大企業の数は全企業のほぼ1％にしかすぎません。しかし，従業員数で見れば，4人に1人が大企業で働いています。

　このように，ごく少数の大企業を核に大多数の中小企業によって取り巻かれている姿が日本の産業構造の特徴で，「二重構造」とか「ガリバー型産業構造」と呼ばれています。特に，自動車や家庭用電気製品などの分野において，完成品（最終生産物）は数社の大企業で製造されています。いうまでもなく，完成品を創り上げるために多くの部品を必要としますが，これらの部品は自社内で開発・生産されるよりも，ほとんど子会社や孫会社などの下請企業から調達されています。このような完成品メーカー（親企業）と部品供給企業（サプライヤー）の関係に注目すると，源流に向かって川をさかのぼればいくつかの支流に枝分かれしていくように，川上産業にいくほど小規模の企業が多数存在する構図になっています。

　ところが，これらの多くの中小企業はお互いに入り乱れて競争しているのではなく，適当な棲み分けをしていました。いくつかの細流・支流が合流して大きな河川になっていくように，いずれかの生産系列（サプライヤー・システム）に所属した形になっていたのです。たとえば，自動車メーカーは，トヨタの

「協豊会」とか三菱自動車の「三菱自動車協力会」のように，自社の取引先部品メーカーを会員とする「協力会」を作っています。また，家電メーカーでも同じような生産系列が見られました。このように，生産系列への加入は親企業と下請企業の協調関係を築くことになります。そこで次に，企業間の協調関係をもう少し詳しく説明してみましょう。

長期・継続的な取引

　協調関係を保つうえで，最も大切な要素は「信頼関係」です。この信頼関係を築くためには，親企業は下請企業と長期的・継続的な取引関係を結ぶ必要があります。毎回取引先を変更するスポット的な市場取引を行なうと，資金繰りの苦しい下請企業ほど経営基盤が不安定になり，倒産のリスクも高くなってしまいます。したがって，長期的・継続的な取引関係は企業の存続に欠かせないものとなるのです。

　長期継続取引のもとでは，親企業と部品供給企業の間で信頼関係が築かれるとともに，技術開発などに関しての情報を密接に交わすことができます。その結果，部品の品質を高めたり製造コストを下げたり，あるいは，部品の安定的な納入を確保することが可能になります。また，親企業の製品に不可欠な部品を開発したり，その部品の製造だけに必要とされる特殊な投資を積極的に進めることができます。というのも，長期の取引が保証されていれば，サプライヤーの投資利益が確保され安心して投資できるからです。

　さらに，取引関係だけでなく，親企業による部品供給企業の株式保有，親企業からの役員派遣や社員の出向，経営指導，技術・資金供与なども生産系列に見られる日本的特徴です。これらの補完的な形態は信頼関係の強化だけでなく，親企業の意向が部品供給企業に強く反映される側面も見逃すことはできません。

　親企業と部品供給企業の結びつきが強いほど，部品供給企業の独自性が弱められてしまう心配が出てきます。ところが，部品供給企業の独自性を持たせる方法として，たとえば承認図方式と呼ばれる部品の設計についての工夫があります。アメリカでは，親企業が部品の設計を行ない，部品メーカーにその設計図を渡して製造を依頼する貸与図方式を多く採用しています。ところが日本で

は，部品メーカーが独自の設計図を親企業に提示して，それの承認を親企業に求める方式が多いのです。その結果，部品の製品開発では，部品メーカーの自社開発率が高くなり，部品メーカーの技術水準を向上させることにもなります。また，部品メーカーを合併・買収して企業サイズを大きくしていくと，組織内でのコミュニケーションに支障をきたしたり，無駄な経費がかかったりして効率性の低下をもたらすことにもなります。

　要約すれば，企業間取引を日米で比較してみますと，長期の取引契約が日本的特徴とすれば，アメリカでの取引契約は比較的短いといえるでしょう。すなわち，多数のサプライヤーを競争させ，価格の低い企業から購入することになります。そのため，親企業と部品供給企業との関係は景気の好・不況に左右されやすくなります。そのリスクを避けるために，部品供給企業の合併・買収（垂直的統合）が行なわれたり，あるいは，部品を自社内で製造するケースも出てきます。その結果，アメリカでは部品内製比率が高くなってしまいます。一方，日本では，親企業は長期継続取引を基本とするとともに，特定の部品供給企業と固定的な関係を結ばずに，複数の企業と取引します。そして，取引する際に，価格，品質，納期，開発力，マネージメントなどが取引企業を選定する基準になってきます。このように，日本の生産系列は共存関係と緊張関係を織り交ぜた柔構造になっているといえるでしょう。

水平的系列と流通系列

　企業間関係の日本的特徴は，垂直的な関係の生産系列だけではありませんでした。その他に，水平的な関係を持つ「企業集団」と，完成品メーカーから販売店に至るまでの「流通系列」がありました。前者の企業集団は異業種にわたる横のつながりで，大企業がそのメンバーになっていました。かつて，企業集団は大きな都市銀行を中心として六つありました。すなわち，旧財閥系の企業集団（三井系，三菱系，住友系）と銀行系の企業集団（芙蓉系，三和系，第一勧銀系）に分けられていました。

　これらの企業集団の特色は，都市銀行や総合商社をはじめ広範な業種の大企業をメンバーに連ねている点にありました。そして，定期的に社長会を開いて，

メンバー企業相互の親睦を深めたり情報を交換し合っていました。また，グループ内の各企業は株式を相互に持ち合ったり，取引，資金供与，技術開発，共同プロジェクトの進行，人的交流などの面でも協力関係を保っていたのです。

後者の流通系列とは，完成品メーカーから小売店までの流通経路における企業グループを指しています。この流通系列は生産系列と同じ垂直的なグループ関係を形成していました。日本の流通機構のかつての特色として，いくつもの卸売業が介在していたり，規模の小さい小売業が多数存在していました。これら多数の小売店が競争を展開していけば，当然，経営不振に陥る小売店も出てくると思われたので，そのようなリスクを避けて利益を確保するために，系列店を作って共存関係を維持してきたのです。

メーカーは系列店，すなわち，専売店や代理店・特約店を作って自社製品の販売網を組織化してきました。そして，メーカーと小売業との間で情報交換を行なうとともに，小売業が自社製品の販売促進を高めるため，いろいろな商慣行を進めてきました。たとえば，「建値（たてね）」と呼ばれる制度は，メーカーが流通段階ごとに指定する標準的な価格体系で，メーカーの希望小売価格ともいわれていました。この建値制度によって，各流通段階で一定の利潤マージンを確保できる仕組みになっていたのです。また，返品制度を設けて，小売価格の値崩れを防いだり，流通業者に商品の販売リスクを負担させないように配慮していました。さらに，販売業者の販売を促進させるために，販売額に応じてその一部を報酬として手渡すリベート制度も採用してきたのです。

このように，大企業を中心に川上産業から川下産業に至る縦の関係だけでなく，横のつながりも含めた企業グループが形成されてきました。すなわち，大企業による垂直的な合併・買収や異業種への多角的経営を目指すのではなく，各企業の独立性を保ちつつ双方のメリットを活かしながらお互いの利益を確保することに努めてきたのです。これが1990年代以前に見られた日本の産業構造の特徴でした。

6.3 企業の経営戦略

「企業収益」か,「企業成長」か?

　企業内では労使協調路線,企業間では企業グループの形成が,かつての日本企業の特徴であることを指摘してきました。当然,これらの特徴が企業の経営スタンスに影響を与えてきたことはいうまでもありません。そこで,以下では日本企業の経営スタンスを説明していくことにしましょう。

　企業の売上高から部品の仕入額や動力費・人件費・管理費などの諸経費を差し引いた残りが利潤(=残余利潤)になります。この残余利潤の請求者が株主です。しかし,この残余利潤がすべて配当として株主に帰属することはありません。利潤の一部は内部留保として企業内に留め置かれ,将来の設備投資や研究開発投資などの資金に充てられます。すなわち,企業成長のための積立資金になるのです。

　株主にとって最大の関心事は株価の動向です。株価の低迷は株式保有の魅力をなくしてしまいます。したがって,株価を上昇させるためには,企業利潤を増やし配当割合を大きくすることが望ましいのです。そのため,アメリカ型の経営者は企業収益を重視した管理運営を進めていくことになります。

　ところが,労使協調のもとでは,労働者の雇用確保と安定的な給与の支払いが大切な経営目標と見なされます。そのためには企業の永続性が重要となり,長期的な企業経営を推し進めていくことになります。そこで,新しい製品の開発や事業の拡大,あるいは,新しい分野への進出などが,企業の成長・発展にとっての具体的な目標とされるのです。これらの目標に必要な資金を調達する手段の一つが,株主への配当を抑え内部留保の割合を厚くする施策になります。

　このように,企業成長の経営目標が企業の低配当政策をもたらすことになります。その結果,株価は真の企業価値を反映せずに,株式市場では過小評価されてしまう傾向になってしまいます。このようなケースでは,外部の投資家による企業の合併・買収(Merge & Acquisition:M&A)に晒されるリスクが高まってきます。ところが,1980年代に企業価値・収益性志向の強いアメリカで企業買収が盛んだったのに対して,日本では企業買収はアメリカの1/5～

1/10に留まりました。株価軽視の日本で，なぜM&Aが低調だったのでしょうか。

アメリカでは，企業買収は経済活動の一つと見なされています。しかし，日本では「乗っ取り」といった表現をされるように，企業買収には負のイメージがつきまとう倫理的な側面も否定できません。しかしそれ以上に，企業グループの役割を無視することはできません。生産系列や企業集団には，お互いの株式を所有し合う特徴がありました。この株式持ち合い制度が企業買収の抑止力になっていました。その詳しい説明は第8章に譲りますが，企業グループに属する事業法人やメインバンク（主力銀行）が安定株主になっているため，株価への配慮は不要となり長期的な企業経営に専念することができたのです。

市場構造とプライシング策

ヒト・モノ・カネなどが取引される場を，経済学では「市場（しじょう）」もしくは「マーケット」と呼びますが，この市場構造にも企業グループの存在や協調関係は影響を与えることになります。すなわち，利潤志向の強い企業は有利な取引相手を探し求めるため，一過性のスポット的な取引関係がアメリカ型の市場構造になります。一方，日本の場合は顧客との信頼関係を軸とするため，市場構造は継続性のある長期的な取引関係を主要な形態とするようになります。このように市場構造が異なると，企業のプライシング（価格設定）の方法も異なってきます。その違いを説明する前に，まずプライシングに関する公式を述べておくことにしましょう。

> オープンな競争市場では，取引価格は需要と供給によって決められ，一物一価の法則が成り立ちます。ところが，市場が分断されて非競争的になると，取引価格は当事者間での相対（あいたい）取引による一物多価になります。

【公式6-2】プライシングの方法

スポット的な市場構造では，市場価格が売買契約の重要な決め手になります。買い手は少しでも安い価格で，売り手は少しでも高い価格で取引しようとしま

す。その結果，市場価格は需要と供給の関係によって変動するとともに，同じモノは同じ価格（＝一物一価）で取引されるようになります。それに対して，継続的な市場構造では，グループ内の企業間で安定的な長期取引が続くような価格交渉が行なわれます。したがって，各企業の個別事情に即した取引価格が決められるようになります。すなわち，同じモノであっても異なる価格（＝一物多価）で取引されることになります。「日本の取引慣行は不透明だ」と，しばしば外国企業からのクレームを耳にしますが，その一因は市場構造の違いにあるといえるでしょう。

マーケット・シェアの拡大競争

そこで，【公式6-2】に照らし合わせながら，日本企業の経営戦略を概観してみましょう。

まず高度経済成長期から始めることにしましょう。この時期は，第1章でも説明したように，名目・実質GDPともに高い経済成長率を達成し，市場規模が拡大していきました。いわゆる右肩上がりの時代でした。この市場規模の拡大に合わせて，日本の企業は設備投資を積極的に進めて生産能力を高め量的拡大を目指したのです。というのも，量的拡大は「規模の経済性」と呼ばれる効果が期待できました。すなわち，大量生産によって製品の原価を引き下げる効果が生じたからです。そのため，企業は大量販売によるマーケット・シェア（市場占有率）の拡大を重視しました。

パイの大きさ（市場規模）が変わらなければ，マーケットを拡大するためには競争相手のマーケットを奪わなければなりません。しかし，パイ自体が年々大きくなっていく状況では，マーケット・シェアは一定でも売上高は増えていきます。そのため，製品の値下げ競争をあえて仕掛ける必要はありませんでした。むしろ，他社と異なる製品を開発したり，品質を改良するなどの非価格競争をしながらマーケット・シェアの拡大に努めたのです。

そして，少数の大企業が市場支配力を持ち，さらに企業グループの形成によって市場競争は制限されるので，大企業のプライシング策は費用節約よりも価格転嫁を選択するようになったのです。すなわち，製造コストやその他の諸経

費に一定の利潤マージンを上乗せして価格が設定されました。しかも，労使協調を基本路線とするため，春闘で妥結した賃金の上昇分は製品価格に転嫁することで吸収できました。その結果，製品価格の下方硬直性，すなわち価格は下がらないという神話が生まれたのです。そのうえ，貿易の自由化や資本の自由化を制限する政府の保護があったため，外国企業との価格競争からも隔離された状態にあったのです。

第一次石油ショック（1973（昭和48）年）を境に，日本経済は高度成長期から安定成長期へと移行しました。市場規模の拡大スピードが減速したのです。そのため，従来のマーケット・シェア重視の経営戦略を見直さざるをえませんでした。この時期，エネルギー価格が急騰したため，省エネ投資や省力化投資による減量経営へと転換していったのです。それと同時に，日本企業は「3高戦略」を展開することで活路を見出しました。3高戦略とは，高品質・高性能・高信頼の三つを兼ね備えた商品を製造・販売していく経営戦略を意味していました。言い換えれば，高級商品の製造・販売でした。品質が良くて，性能が優れていれば，商品に高い付加価値がつき，高い価格で売ることができたからです。

このように安定成長期に推し進められた高付加価値・高価格政策は，日本企業の優れた技術水準やTQC（Total Quality Control：総合品質管理）運動に裏打ちされて，海外での日本製品の優秀さ，信頼性の評価を得ることになったのです。こうして，特に自動車や家電などの輸出が急激に増えることになりました。また，国内では1980年代後半のバブル景気に乗じて，高級商品の売上げを伸ばすことにもなったのです。

メガ・コンペティションと日本型経営の再評価

1990年代に入るとバブルがはじけ，株価や地価が下がり始めました。それがやがて金融機関の不良債権問題につながり，実体経済にも波及して日本経済は長い不況のトンネルにはまり込んでしまいました。その結果，「失われた15年」と形容される平成不況が続いたのです。第1章で説明したように，経済成長が減速しただけではなく，名目成長率がマイナスになるデフレに見舞われま

した（22頁の**図1－2**参照）。「物価は下がらない」という右肩上がりの神話が崩れていくのを感じさせる値動きが見られたのです。

デフレの状況が現われてきた背景には，日本を取り巻く経済環境の変化が挙げられます。その主な要因の一つが経済のグローバル化（国際化）です。第1章でも指摘しましたが，日本のGDPはいまでも世界の8％強を占めています。外国企業にとって無視できない巨大な市場へと成熟してきたのです。しかも，外国企業にとって，日本市場へ容易に参入できる条件が整ってきたことも見逃せません。

条件の一つが円高の定着でした。円高は外国製品の円建て価格を下げ，日本への輸出に追い風となります。さらに，日本の賃金水準は相対的に高くなりすぎて，競争力を弱める一因にもなっています。二つ目に，日本と外国との技術格差が縮まってきた点も挙げられます。特に，アジア諸国の追い上げは目を見張るものがあり，いまやアジアは世界の製品工場です。このように，日本企業はコスト面で，あるいは，価格の面で有利な外国企業と競争せざるをえなくなったのです。いわゆるメガ・コンペティション（大競争）の状況が現われたのです。

外国企業との競争が激しくなると，従来のような大企業が主導するプライシングは通用しなくなります。というのも，市場価格が需要と供給によって決まる経済環境へと変わってきたからです。このような状況の中では，かつての非競争的な時期と同じ経営戦略を採用して売上高の増加を見込むことが期待できないのは当然です。むしろ，市場で決まる価格を前提にしたアメリカ型の経営戦略を取り入れる方向へと転換せざるをえなくなったのです。

すでに説明したように，労使協調の企業経営や企業グループの形成は，経済競争から生じるリスクを軽減する智恵でした。しかし，それらは反対に企業経営の非効率性を生み出すことにもなったのです。そして，メガ・コンペティションの状況になると，非効率な企業はマーケットから淘汰される運命にあります。したがって，日本企業が競争に生き残っていくために，人件費や設備費や金融コストなどの固定費を削減しながら利潤を追い求めざるをえなくなったのです。そのために企業のリストラ（再構築）を進め，肥大化した企業組織のダ

ウン・サイジングを実施していったのです。その一環として，次章で説明するように，日本型雇用形態の見直しが行なわれました。すなわち，年功序列型の賃金から成果主義・能力主義に基づいた賃金への切り替えです。あるいは，終身雇用制度を放棄し希望退職者を募り，解雇通知を出したり，正規労働者を減らし非正規労働者でその穴埋めをしたりしました。同時に，従来の「慣例主義」や「横並び主義」から抜け出して経営の独創性を図り，新たなビジネス・モデルを構築することも重要な要素になりました。

一方，企業間の関係に目を向けると，不況時に手持ちの株式を売却することで，当面の赤字経営を乗り越えようとしました。そのため，企業間の株式持ち合いも解消していくことになったのです。さらには，外国の大企業に対抗するため，企業グループの枠組みを超えた業務の提携や合併・買収が急速に展開していきました。このように，企業グループの枠にとらわれない低価格志向の取引を目指すことになったのです。すなわち，企業系列を超えた価格競争が激しくなっていきました。こうして，系列取引が崩れ日本型経営が変貌していったのです。

代理人が適切に管理運営しているかチェックする仕組みを構築することをコーポレート・ガバナンス（企業統治）と呼び，近年はこれが企業評価の重要な要素になっています。協調を重視する日本型経営ではそれが不十分だと考えられたことも，日本の企業に株主総会の重視や収益を重視する欧米型の経営スタイルが徐々に取り入れられてきた理由の一つです。

ところが，ここにきていろいろな問題が新たに浮かび上がってきたのです。コーポレート・ガバナンスが行き届いていると思われていた欧米企業でさえ，企業価値を不正操作する粉飾決算が発覚したり，CEOの高給が経営自体を悪化させるといったことです。

また，日本型雇用形態の崩壊によって，従業員間での信頼や協調の企業風土を壊したり，あるいは，次世代への技術の継承がスムーズに行なわれなくなりました。また，利益優先による企業ぐるみの不正が横行したり，安全・安心への配慮が欠けたりするようになりました。さらに，株主軽視の経営が企業の敵対的な買収のターゲットになり，経営者はその防止に余分の経営資源を使うよ

うな状況に追い込まれています。そこで最近では，能力型賃金の見直しや株式持ち合い制度の復活といった日本型経営のメリットを再評価する動きが出てきました。

同時にコーポレート・ガバナンスという面からも別の評価がでてきています。たとえば，メインバンク制は銀行による企業のチェック・システムであったという指摘や，内部昇進で経営者になるためには従業員に尊敬されていなければならず，そこにチェック機能が働いていたという指摘です。なんといっても，日本型経営形態の見直しは経営者が選択したのではなく，1990年代後半以降の長引く不況によって雇用やコストを削減するために仕方なく実施されたという様相が強いのです。だから景気が回復してくると，当然のことながら日本型経営への回帰が起こるのも自然の成り行きかもしれません。

さらに，会社経営に関する新たな動きも出てきました。それは，禁止されていた持株会社の設立が，1997（平成9）年に独占禁止法の改正によって認められるようになったことです。純粋持株会社とは，自らなんらかの事業活動するのではなく，他の会社の株式だけを所有する会社を意味しています。所有目的は株式投資ではなく，他の会社の事業を自社の管理下に置くことによって，他の会社を支配することです。これによって，各会社の実情に合わせた雇用形態を作り上げることができます。また，競争による損失や倒産のリスクを分散させ，全体に波及させないようにすることもできます。あるいは，各会社間での業績評価やコストの比較ができます。要するに，工夫次第では，進行しつつある競争的な市場環境と日本型雇用や経営の両立を図れる可能性を秘めているということです。

このように，多くの企業は従来の日本型経営の長所を活かした新たな形態を模索するのが望ましいでしょう。

第7章　雇用形態の多様化

7.1　日本経済の最大の資源・ヒト

経済活動の要(かなめ)は「ヒト」

　日本経済の成功のカギは優秀な労働力にあったといっても過言ではありません。戦国時代，甲斐(かい)の国（現在の山梨県）に名将といわれた武田信玄がいました。信玄は戦さ上手なだけでなく，治世や領国の開発にも才たけていました。もともと甲斐の国は地理的に恵まれていませんでしたが，それにもかかわらず戦国の覇者になれたのは，信玄の人づかいが巧みであったからだといわれています。

　その間の事情をいまに伝えている書：

　　「人は城　人は石垣　人は堀　なさけは味方　あだは敵なり」

で伺い知ることができます。このように古今東西いつの世も，社会の中心課題はヒトの用い方でした。それでは，なぜヒトが重要な生産資源なのでしょうか。

　「ヒト」は他の「モノ」にない特性を有しています。創造力，責任感，協調性，指導力などの特性です。したがって，ヒトの提供する労働力は同質的ではなく，いろいろな特性を兼ね備えた複雑な労働サービスになるのです。しかも，これらの特性は個々のヒトによってまちまちであり，まったく同じ特性を持ち

合わせた人間はこの世に二人としていません。これがヒトを重要な生産資源とする大きな理由です。

教育は投資である

　江戸時代，幕府は学校を開き，大名や旗本の子弟の教育に当たりました。また，各藩は領地内で藩校を開設し士族の教育を担当しました。学校や藩校は形を変えて現在の高等教育機関になっており，江戸時代の教育システムが現在の日本の教育に与えた影響はきわめて大きいといわれています。

　それにもまして大きかったのは，庶民の教育機関である寺子屋の存在です。寺子屋の教師は武士，医師，僧侶などで，読み・書き・そろばんだけでなく，手紙の書き方や地名の教授など生きるために必要な知識やさまざまな教養を教えました。教育内容は地域によって異なりましたが，都市部の子どもは現在の義務教育とほぼ同じ年限の教育を受けたといわれています。

　明治時代になって新政府は近代教育の普及に努めましたが，すでに人々の識字率がきわめて高く，これが経済発展の一つの要因になったといわれています。すなわち，幕末にはすでに良質な生産労働者を潜在的に抱えていたといえるでしょう。

　さて，15歳以上65歳未満の人口を生産年齢人口と呼びます。この定義は第2章で述べた生産活動（＝付加価値を増やす）に従事する人口ということです。人々は義務教育が終わると労働可能な人口に数えられることになり，たとえ学生や主婦であってもここに含まれるのです。

　労働が可能になったとき，人々が社会に貢献するためには，生得的・先天的な能力に加えて，習得的・後天的な能力が備わっていなければなりません。この後天的な能力を磨くための支出を経済学では人的資本投資と呼んでいます。人的資本投資の主な手段は教育投資です。後述の企業による特殊人的資本投資と区別するために，教育投資などは一般人的資本投資と呼ばれています。

　最初に，なぜ大学に進学するかを例に，学校教育を考えてみましょう。大学に進学すれば学費や教科書などの直接費用がかかります。その他にも，大学に進学しなければ就職して稼いだはずの所得を失っています。これを機会費用

（正確には放棄所得）と呼びます。したがって，大学教育にかかる費用は直接費用に機会費用を加えたものになり，4年間の教育期間を考えれば，むしろ後者の方が大きいのです。これに対して，大学を卒業して得られるメリット（便益）は，高校卒業者よりも高い賃金を得ることでしょう。単純に考えれば，便益が費用を上回ると判断すれば，大学へ進学する経済的評価は得られます。

ところで，賃金は初任給という一時点の所得を比較しているのではなく，高卒者と大卒者の生涯所得の差を意味します。もし，生涯所得に差がないか，差があってもきわめて小さければ，費用のかかる大学進学は得ではありません。あるいは，なんらかの金融商品がより大きな儲けを約束してくれるのであれば，人々は大学教育にかける費用をそちらに振り向けるでしょう。

大学に入学して4年間在籍すれば，高校卒業者に比べてなにがしかの能力を身につけていると考えるからこそ，企業は高い賃金を支払うのです。したがって，教育はヒトに対する投資なのです。そこで，公式の形で賃金の学歴間格差について述べておきます。

> 教育投資は人的資本の価値を高め，労働生産性を引き上げる効果を持っています。したがって，企業は労働生産性に見合った賃金を支払うため，高学歴者は高い賃金を得ます。

【公式7-1】賃金の学歴間格差

図7-1には標準労働者と中途採用者の賃金が，年齢とともにどのように変化していくかが，学歴別に示されています。一見して分かることは，大卒と高卒の賃金には一生を通じて違いがあるということです（賃金の学歴間格差）。学歴差による賃金の違いの一部は【公式7-1】で説明することができます。

また，定年を迎える前までは，年齢を重ねるにしたがって多くの人の賃金は上昇します（賃金の年齢間格差）。年齢とともに賃金が上昇していくのは，働きながら職場訓練や仕事のキャリアを積み重ねていくことによって労働生産性が上昇していくからです。これが特殊人的資本投資です。特殊人的資本投資には仕事をしながらスキル・アップしていくOJT（on the job training）と研修や講

図7-1 学歴別の標準労働者と中途採用者の年収（男子，2012年推計）

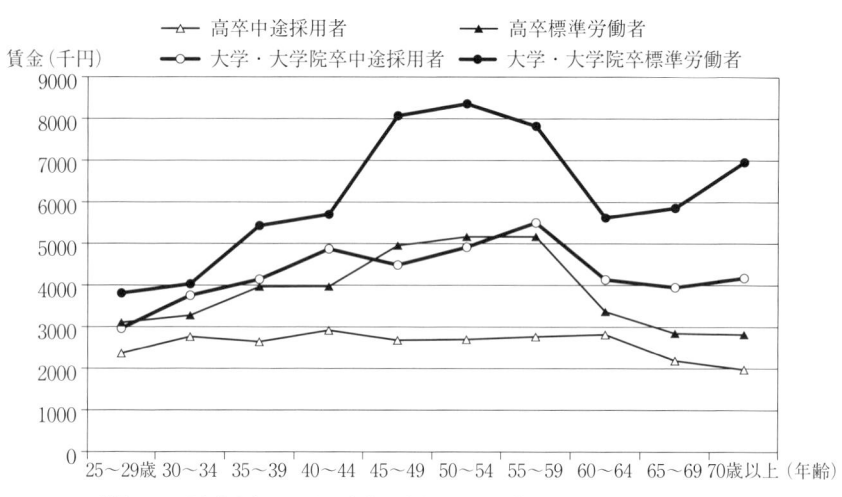

凡例：
- △ 高卒中途採用者
- ▲ 高卒標準労働者
- ○ 大学・大学院卒中途採用者
- ● 大学・大学院卒標準労働者

縦軸：賃金（千円）　0〜9000
横軸：25〜29歳, 30〜34, 35〜39, 40〜44, 45〜49, 50〜54, 55〜59, 60〜64, 65〜69, 70歳以上（年齢）

（注）1. 現金給与額12カ月分と年間賞与，その他特別給与額の合計。
　　　2. 中途採用者は勤続年数0年の者とする。
（出所）厚生労働省HP「賃金構造基本統計調査」より作成。

習を通じて能力を高めていく Off-JT があります。日本では欧米諸国に比べてこのようなキャリアに対する評価が高いのです。なお，中途採用者も0年目の賃金は低いのですが，キャリアを積むと標準労働者と同じような賃金カーブを描くといわれています。

　なによりも，このような格差が生じるのは，日本企業の雇用形態に原因を求めることができます。そこで，次節では，日本型の雇用慣行について説明することにしましょう。

7.2　日本型の雇用慣行

　GDP の生産現場は，ほとんどが「企業」です。企業はいろいろな生産資源を効率よくコーディネイトする必要があります。すなわち，企業組織の良し悪しが業績を左右するといってよいのです。その中でも特に，人材活用が企業経

営の一番重要なポイントであるといっても過言ではありません。それを物語る例はいくらでもあります。

たとえば、スポーツ選手が活躍するとその監督の采配や管理の方法がマスコミを賑わせ、彼らは講演に引っ張りだこになります。これも上司が部下の扱いに苦労していることの現われでしょう。

最初に指摘したように、ヒトという資源の持つ特性はさまざまです。そのため、各自の特性を活かした部署への配置や、労働意欲をかき立てるような工夫が欠かせません。そのような工夫として考えられたのが①終身雇用制と②年功序列制です。この二つに第6章で説明した企業別組合を加えて、日本型雇用慣行といわれています。以下では、終身雇用制と年功序列制の経済的な合理性について説明しましょう。

終身雇用制のメリット

企業の求める労働は、大きく分けると熟練労働と非熟練労働になります。非熟練労働は文字通り単純作業に従事する労働で、誰でもすぐにこなせる仕事です。したがって、このタイプの仕事には正社員（正規雇用）を使う必要はなく、パート・アルバイト、派遣社員など（非正規雇用）を充てることになります。

他方、熟練労働は誰にでも簡単にできるものではありません。たとえば、オフィスワークにしても、企業あるいは部署独自の仕事があり、企業の組織全体のつながりを把握したり、ヒューマン・ネットワークを作り上げるまで、相当の時間と経験と訓練を要します。すなわち、中堅ビジネス・パーソンとして企業に欠かせない戦力になるためには、新入社員に特殊人的資本投資を施して優秀な労働力を育てる必要があります。

特殊人的資本投資は研修や実習、配置転換および出向などの形で実施されます。いずれにしても、その目的は企業にとって有用な技能を磨き、仕事の第一線に立つ労働者を養成することです。その意味で特殊人的資本投資は特殊訓練であり、学校教育とは趣が異なります。

また、特殊人的資本投資にはコストがかかります。それは研修や実習の直接的な費用だけではありません。企業は社員にOJTやOff-JTを命じなければ別

の仕事をさせていたでしょうから，やはりここにも機会費用がかかっています。ましてや入社したての頃には，仕事に慣れないのにもかかわらず，働き（労働生産性）以上の給料が支払われています。このような間接費用もすべて特殊人的資本投資のコストということになります。したがって，特殊人的資本投資が終了してすぐに退職されたのでは企業にとって損失です。そのため，企業は終身雇用によって労働者を引き留める必要があります。それは同時に，労働者に企業に対する帰属意識を芽生えさせ，その結果，企業内でのチームワークも生まれてきます。

さらに，労働者にとっても終身雇用にはメリットがあります。なぜなら，長期の雇用機会が保証され，安定した収入をベースにした将来の生活設計が立てられるからです。また，OJT や Off-JT で身につけた技術は特殊技能であり，他の企業では役に立たないケースが多いからです。そのため，特殊技能を活かすためにも，同じ企業で長く働くほうが有利になってくるのです。

1990年代から増加し，最近では不可欠な労働力といわれるのが派遣労働者や契約社員などです。企業は特殊人的資本投資のコストをほとんど負担せずに，派遣労働者や契約社員などを即戦力として雇うことができるというメリットがあります。従来は非正規雇用といえばパート・アルバイトを指しましたが，近年派遣社員や契約社員などが増えました。その結果，非正規雇用者の比率は36.2％（2013年）にまで上昇し，1990年と比べると1.8倍も増えています。ちなみに，パート・アルバイトと派遣社員・契約社員などの比率を見ますと，男性はおよそ半々ですが女性は4：1とパート・アルバイトの占める比率が大きいです（詳しくは後述）。

途中退職を防ぐ年功序列制

年功序列制は，終身雇用制と同じく，労働者の途中退職を防ぐ手立てです。特に賃金・給与体系にその手立てを見ることができます。

すでに述べたように，労働者の賃金は年齢とともに高くなっていきます。また，図7-1から分かるように，中途採用者のカーブは標準労働者のカーブに比べて緩やかになっています。日本では転職者が賃金面でも不利になっている

図7-2 新規学卒者の在職期間別離職率の推移

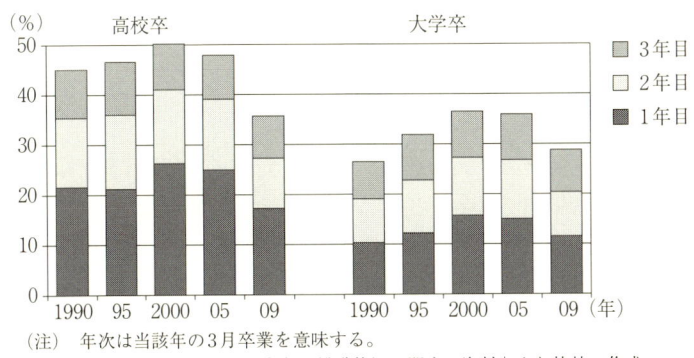

(注) 年次は当該年の3月卒業を意味する。
(出所) 厚生労働省「新規学卒者の離職状況に関する資料」より抜粋,作成。

ことが伺えます。

　この傍証となる事実に,離職の学歴間格差があります。**図7-2**を見ると,高卒者と大卒者では高卒者の離職率が高いことが分かります。その理由として,年功序列制のもとでは高校卒業者よりも大学卒業者のほうが将来に得られる所得が大きく,離職コストが高くつくことが考えられます。もっとも,**図7-2**からも分かるように,大学卒業者の離職率は年々増加しており,特に3年目では高校卒とほとんど差がなくなってきました。

　また,退職・企業年金制度も年功序列型の賃金体系と同じ役割を担っています。退職金や企業年金も勤続年数が長いほど支給額が大幅に増えるように設計されているからです。そのため,定年退職後の生活保障という点からしても,同じ企業に長く勤務する方が当然有利になります。

7.3　失われた15年と日本型雇用調整

人手不足や失業はどのように調整されるのか？

　人手不足が深刻になったり,巷に失業者があふれてくると,労働市場での雇用調整はどのような形で行なわれるのでしょうか。まず初めに,経済学の基本

第7章　雇用形態の多様化　127

的な考え方を公式の形でまとめておきます。

> 競争的な労働市場では，
> ①失業者が増えると賃金は下落します。すると，企業は人件費が安くなったために労働需要を増やし，失業者が減っていきます。
> ②求人数が増えると賃金は上昇します。すると，企業は人件費を抑えるために労働需要を減らします。こうして，求人数は減っていきます。

【公式7-2】労働市場における雇用調整

この公式に従えば，企業は賃金の動きによって雇用量を調整していきます。言い換えれば，雇用情勢に応じて賃金が変動していくことにもなります。こうした教科書的な労働市場の動きは，パートやアルバイトなどの周辺労働を対象にした短期の雇用市場では，しばしば見受けられる現象です。

他方，第6章で説明したように，日本の企業は長い間，労使協調を基本路線とした長期雇用を旨としてきました。企業にとってはOJTやOff-JTのコストを負担して育て上げた人材を，業績が悪化したからといって解雇してしまうことは，非常に大きな損失になりかねないからです。また，「和を以って貴しとなす」といった企業風土の中で，安易に解雇すると労働意欲にマイナスの影響を与えてしまうと考えられています。

1990（平成2）年のバブル崩壊以降の10年は，「失われた10年」と言われます。1989年に630兆円もあった株式市場の時価総額は，1998年には282兆円にまで下がりました。このようなことが起これば，【公式3-1】（52頁参照）で説明したように，消費支出に対して逆資産効果が働くことは明らかでしょう。また，大手の証券会社や都市銀行などが経営破綻するなど，戦後経験したことのないような事件が次々と起こりました。当然のことですが，労働市場も時代の大きな波にのまれて大きく変化したのです。

物価と失業の関係

イギリスの経済学者フィリップスは，賃金上昇率と失業率の関係を1861年

図7-3 日本のフィリップス曲線

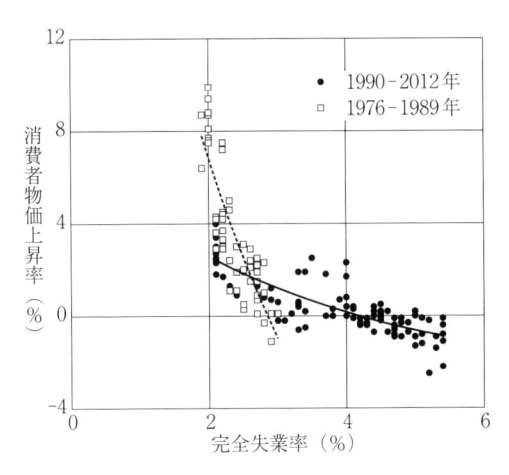

(注) 1. 完全失業率は四半期ベース。
    2. 消費者物価指数は持ち家の帰属家賃を除いたもので，1, 4, 7, 10月の対前年同期変化率。
(出所) 総務省統計局ウェブページよりデータをDLして算出。

から1957年までのイギリスの経験から明らかにしました。その後の研究では，賃金上昇率はインフレ率と置き換えられるようになり，どちらも当てはまることが知られています。

> 名目賃金（物価）の変化率と失業率との間には，一方が上がれば他方が下がる（トレード・オフ）関係があるという経験則です。失業率が下がると名目賃金（物価）が上昇し，反対に失業率が高くなってくると，名目賃金（物価）が下がるという関係です。

【公式7-3】フィリップス曲線

そこで，日本の物価変動と労働市場の関係について【公式7-3】が当てはまるかどうか，日本のデータを使って検証してみましょう。**図7-3**には，日本のフィリップス曲線が1976（昭和51）～89（平成元）年（第1期）と1990～

第7章 雇用形態の多様化　129

2012年（第2期）に分けて描かれています。一目で分かるように，第1期と第2期では直線の傾きが違います。第1期の物価上昇率は高く，失業率は大変低いところにデータが集中しています。ところが，第2期の物価上昇率は全体的に低く，マイナスになっている年も多くなっています。これがいわゆるデフレといわれる現象です。しかも，失業率は第1期に比べて右に集中しており，日本の失業率が高くなったことが分かります。

物価が下がれば実質所得が上がります。デフレが始まった頃には「価格破壊」といって，そのような傾向を持て囃す声も一部にはありました。しかし，日本経済は泥沼に入っていきました。需要の法則では，モノの価格が下がると需要量は増えます。モノの価格が下がってもそれを上回る割合で需要量が増えれば，企業の売上額（＝名目GDP）は増加します。ところが，モノの価格が下がっても需要量はそれほど増えず，名目GDPは減少し，その結果名目所得も減少したので，消費も縮むという悪循環が起こったのです。

長期的に物価が下落するという経験は世界を不況が覆った1930年代以来のことで，政府に対策を求める声が高まっていきました。第5章でも述べたように，経済の安定化は政府の役割の一つだからです。

そこで，日本政府は【公式5-1】（91頁参照）に基づいて赤字国債を発行し，政府支出を増やして内需を喚起する政策を取りました。政府は，企業の売上額は増え求人も増えるだろうと考えたのです。図7-3の近似線の傾きは，第1期に比べて第2期のほうが緩く（大きく）なっているので，失業が減少（雇用が増加）してもインフレの懸念は大変小さく，雇用の拡大を優先したわけです。しかし，このような政策は一時的には効果があったにせよ失敗に終わり，日本経済のデフレと高失業率は続きました。

このときの問題は失業の中身でした。15～24歳の失業率が1999（平成11）年に初めて二桁となり，それが2004年まで続いたのです。そして長い間，失業率が1％台であった働き盛りといわれる35～54歳の失業率も3％，ときには4％を超えたのです。世間ではリストラ（再構築）が流行語となり，企業は急速にスリム化していきました。企業はOJTやOff-JTに費用をかける余裕もなくなり，【公式7-2】に近い雇用調整に切り換えていったのです。

図7-4　雇用形態別の雇用の増減

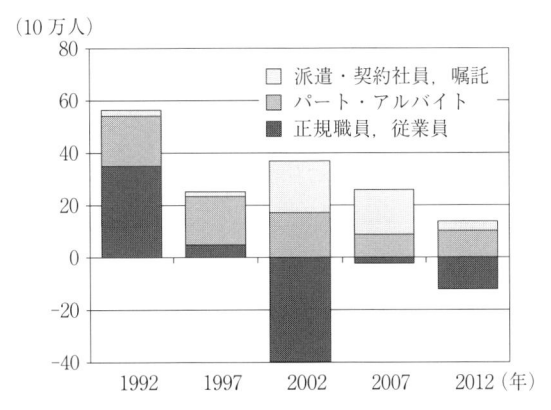

（注）　2002年の派遣社員の増加には定義変更も寄与している。
（出所）　厚生労働省「就業構造基本調査」。

　雇用調整の変化に応じて，雇用形態にも変化が見られました。図7-4は雇用形態別に見た雇用の増減を示しています。1995（平成7）年を境に正規職員・従業員（正規雇用）は減少の傾向にあり，その代わりにパート・アルバイトが増えていることが分かります。また，2002年には派遣社員が急増していることが分かります。

7.4　これから日本の雇用はどうなるか？

ニート・フリーター現象

　ニートやフリーターはアカデミックな用語ではなく，定義も一義的ではありません。『労働経済白書』でもこの数年間に定義が変わっており，内閣府も別の定義をしています。それを前提に話を進めていきましょう。

　ニート（NEET）とはもともとNot in Education, Employment or Trainingの頭文字を取ったものです。日本の厚生労働省は15～34歳の非労働力人口のうち，家事も通学もしていない若年無業者という定義をしており，2002（平成14）年から2005年まで64万人であったものが，2012（平成24）年には63万人

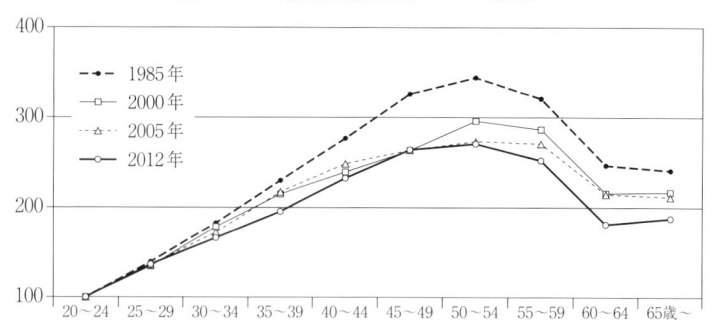

図7-5 年齢階層別賃金カーブの推移

(注) 1. 年間所得はきまって支給する現金給与額×12＋年間賞与その他特別給与額として計算し，20～24歳＝100として指数化したもの。
2. 男性一般労働者，産業計，企業規模計，大学・大学院卒。
(出所) 厚生労働省「賃金構造基本統計調査」により作成。

へと若干減少しました。

　厚生労働省はフリーターを「在学者・主婦を除く15～34歳のうち，①勤め先がパート・アルバイトである者，②失業者のうち求職形態がパート・アルバイトの者，③不就業者や非求職者のうち，希望する仕事の形態がパート・アルバイトで，家事も通学も就職内定もしていない者」としています。

　このような定義に基づいてニートとフリーター人口を調べますと，ニートよりも先にフリーター人口は減少しています。ただ，2008（平成20）年以降，フリーターが増加傾向にあります。これはリーマン・ショックの影響を反映しているからでしょう。また，最近までフリーターは若年者だけの傾向で，やがては正社員になるだろうと思われていました。ところが，実際にはフリーターは高齢化しつつあります。15～24歳でフリーターだった人の多くは，25～34歳になってもフリーターから抜け出せず，依然としてフリーターであるということが分かってきました。

　中途採用が容易ではない日本にあって，彼らが正規雇用であったとしても，賃金や労働条件などで厚遇されることは困難です。それどころか，彼ら自身が正規雇用を望んでいても，企業は人件費などのコストを抑える目的で非正規雇

用として採用し続けます。そのため，ワーキングプアの状態が続くことが問題になり，政府はフリーターの就職支援事業を行なっています。

成果主義の導入と長期雇用の変化

図7−5は1980年以降4年分の年齢階層別の賃金を，20〜24歳の賃金を100として指数化して示したものです。賃金カーブは徐々に平坦になってきており，特に50〜54歳のところの山が低くなってきていることが分かります。

1990年代を経て多くの企業では，本当に必要なところにだけ長期雇用者を雇い，それ以外の部署や仕事には非正規雇用者を充てるというパターンが定着しています。そのため，企業は賃金制度を変えてきており，『労働経済白書』（平成19年度）の調査では，長期雇用を維持している企業のうち40％は成果主義を導入し，30％は導入していないという結果が出ています。長期雇用を放棄した企業では，成果主義を導入しているところは18％にすぎません。

他方で長期雇用のメリットは労使ともに認めており，完全に欧米型の雇用形態に移ることはなさそうです。しかしながら，企業が雇用者数自体を減らしたので，有為な人材にはそれに見合った処遇をせざるをえなくなっています。したがって，成果主義が今後さらに浸透していくため，賃金カーブの傾きはもっと緩くなっていくのではないかと思われます。

成果主義の導入と学歴の意義

いま，大学に対する社会の評価が厳しくなっていることは承知のことでしょう。それは，このような社会の変化とも無関係ではありません。大学卒の標準労働者の年齢別の賃金の散らばりを調べてみると，同一学歴であっても，40歳以上で年を追うにしたがって差が拡大しています。図7−5で年齢階層別の賃金カーブの傾きが緩くなっているのが，この年齢層であったことを思い出してください。

すなわち，40歳以上の労働者の賃金は，以前ならば学歴と年齢だけを判断して支払われていましたが，成果主義によって差が生じているということなのです。また，職種別に賃金の散らばりを調べてみると，生産労働者では格差が

第7章　雇用形態の多様化

縮小しているのにもかかわらず，管理・事務・技術労働者の賃金格差が拡大しているという結果も出ています。

　企業は長い間労働者の能力を見るために学歴を判断材料に使ってきましたが，そのような慣習は現在も残っています。学歴を重視してきた理由は，企業は採用前に労働者の能力について正確に判断できないからです。このように，企業側と労働者の間で情報の非対称性がある中で，学歴が労働生産性を示すシグナルとして作用していたからです。

　しかし，成果主義の浸透とともにシグナルとしての意味は薄れてきたように思われます。企業は厳密に労働生産性を評価するようになってきており，今後は一層このような傾向が強まるでしょう。社会の変化に伴って，大学の卒業証書を受け取るだけでは済まず，4年間でなにをしたかが厳しく問われる時代になっているというわけです。

第8章　世界を揺るがすリスク・マネー

8.1　資金調達の仕組み

カネは天下の回りもの

　カネはヒトと並ぶ重要な経営資源の一つです。人体にたとえると血液のようなものです。血液は動脈・静脈さらには毛細血管を通って人体の隅々まで流れています。同じように，カネもまた日本の全国津々浦々にまで行きわたっています。

　しかし，カネはヒトとまったく正反対の性質を備えています。「金保証はするとも人保証はするな」という諺があります。この諺は，金について保証しても，人というものは，なかなか良否の判断のつきにくいものであるから，うかうか信用して保証してはならない（『ことわざ・名言事典』創元社）という意味です。言い換えると，第7章でも説明しましたが，ヒトは十人十色でそれぞれ異なっていますが，カネはいつでもどこでも同じ機能を果たすことができるということになります。

　カネに関していえば，どんなカネであれ1万円はあくまでも1万円です。このように，いずれも同じ機能を持ち合わせているのは，カネが利便性と汎用性を備えているからです。すなわち，欲しいモノがあるときカネを支払えば手に入り（利便性），また当たり前のことですが，誰でもどこでもカネによる支払い

が優先している（汎用性）からです。その結果，カネはモノやヒトと違う特殊な役割を担うことになるのです。それは，①交換手段と②貯蓄手段としての役割です。

交換手段としてのカネは，私たちがショッピングをしたり，企業がモノの仕入れや賃金・給与の支払いのときに使われる役割を担っています。ただ，カネの支払いといっても，現金支払いだけでなくカードや小切手などによる支払いもあります。このカードや小切手が使えるのは，銀行に預金の裏づけがあるからです。したがって，経済学でマネー（貨幣）というときには，現金のみならず銀行預金も含めて定義されています。

他方，貯蓄手段としてのカネは，将来の結婚や教育準備資金として，また海外旅行の積立てに，あるいは病気や事故など不時の備えとしての役割を担っています。この目的で蓄えられたカネは，ほとんどが資金市場を通して経営資源に回されます。したがって，本章では貯蓄手段としてのカネについて説明していくことにしましょう。

資金の貸し手と借り手

世の中には，不要不急のカネを持っている人もいれば，緊急にカネを必要とする人もいます。両者の間でカネ（＝資金）を融通することを金融と呼びます。一般に，資金の貸し手は家計部門で，一人一人の額はごくわずかです。一方，資金の借り手は事業主や法人企業で，事業の拡張費用とか設備投資や研究・開発投資に用いるため資金需要が多額になります。ただ，最近では企業の中でもカネが余り，貸し手になるという場合もあります。

そこで，貸し手から小口の資金をかき集めて，企業など大口の資金需要者に融資の仲立ちをする仲介者が求められます。これが，銀行や証券会社などの金融機関です。そして，このような役割を金融仲介機能と呼びます。ちなみに，交換手段の手助けをすることを決済機能と呼んでいます。

貯蓄はいろいろな形を取ります。銀行で普通預金にするか定期預金にするか，あるいは，証券会社で公社債を買うか株式を買うか……。また，資金の調達にもさまざまな方法があります。銀行から借入れるか，あるいは，社債や株式な

どの有価証券を発行して調達するか……。このように，資金の流れはさまざまですが，それらは大きく二つのルートに整理することができます。

第一のルートは銀行を仲介する流れで，これは間接金融（銀行型システム）と呼ばれています。

第二のルートは証券会社を仲介する流れで，これは直接金融（資本市場型システム）と呼ばれています。

それでは，間接金融と直接金融とはなにがどう違うのでしょうか。それに答えるために，初めに資金の貸し手の立場から，続いて資金の借り手の立場から，それぞれ説明を加えていくことにします。

リスクを取るか，取らないか？

銀行の仕事（銀行業務）は，多くの預金者から小口の預金を集め，資金の需要者に大口の貸付を行なうことです。そして，預金者に代わって銀行が資金の運用先や運用方法を決定します。すなわち，銀行は取引先の事業内容や返済不能の可能性などをチェックして貸付条件を決めていくのです。したがって，顧客の信用ランクや担保物件の違いによって貸付条件が異なってきます。

このように，カネの貸し借りには情報の収集コストや信用リスクが付きまといます。このコストやリスクを預金者に代わって銀行が負担しています。そして，預金者には元金と利子が保証されます。その意味で，銀行預金は資産を安全に運用できる手段となります。

一方，証券会社の仕事（証券業務）は，投資家が債券や株式などを買う証券投資の手助けを行なっています。そして，投資家は誰でも自分の好きな有価証券の売買を証券会社に指示することができます。すなわち，投資家みずからが資金の運用を決定することになります。

ところで，債券価格も株価も毎日変動しています。そのため，後日有価証券を手放すとき，買ったときよりも高い価格で売れる保証はありません。元本割れのケース（資本損失もしくはキャピタル・ロスの発生）もあります。したがって，投資家は証券投資をする場合，元本割れのリスクも覚悟しておかねばなりません。

証券投資の収益とは？

いま、ある投資家が手もとに100万円の現金を持っているとします。その現金を1年間銀行に預金したとしましょう。利率が5％ならば、利子は100万×0.05＝5万円になります。ここで、0.05の代わりにrとすると、利率は100×r％で表わされ、利子は100万×r円になります。

一方、この投資家が100万円で株式を買ったとします。1年後にこの株式を売ると、手もとに戻ってくる現金は《配当＋株式売却額》になります。したがって、銀行の預金金利に相当する部分（株式の儲けで、Aの記号で表わす）は、

　　A＝（配当＋株式売却額）－100万円

になります。ここで注意すべき点は、将来企業の業績いかんによっては無配当になったり、株価が100万円以下に下がることもありえることです。そのような場合は、A＜0になって元本割れのリスクが発生するでしょう。したがって、株式投資の儲けは確実なものではなく、マイナスになる場合もあります。いずれにしても、100万円の元手でA円の儲けを予想すれば、株式投資の予想収益率（πの記号で表わす）は100万円×π＝A、あるいは、π＝A÷100万円になります。

そこで、投資家は100万円の元手を資産運用しようとする場合、株式の予想収益率が銀行の利率を上回る（$\pi > r$）必要があります。そうでなければ、株式投資のうまみがないからです。この上回る差（＝$\pi - r$）を、株式投資するリスクを自分で取るという意味でリスク・プレミアムと呼びます。したがって、銀行の利率が上昇するとリスク・プレミアムは小さくなり、株式投資のうまみが少なくなります。その結果、株式需要が減って、株価が下がることになります。また、利率が下落すると逆の現象が生じます。

債券投資の場合には、投資収益率を利回り（ρの記号で表わす）で考えることにしましょう。たとえば、1年後の償還額が100万円で、その間の表面金利（確定金利ともいう）が100万×r円支払われる債券が売買されているとします。その債券価格をP円とすると、債券投資の利回りは$P×(1+\rho)$＝100万＋100万×r、あるいは

$$\rho = \{(100万 + 100万 \times r) \div P\} - 1$$

の式で計算することができます。したがって，その債券を100万円で購入（$P=100万$）すれば，債券投資の利回りはちょうど表面金利と同じ$100 \times r$％になります。そして，100万円以下で購入（$P<100万$）すれば，利回りは表面金利を上回る（$\rho > r$）ことになります。

金利と有価証券価格の関係は？

債券は市場で広く売買されています。たとえば，日本銀行は金融政策の一環として国債を含めた債券を売買しています。これをオペレーションといいます。日本銀行が大量に債券を購入（買いオペ）すると，債券需要が増えて債券価格（P）は上昇します。その結果，債券利回り（ρ）は下落します。反対に，日本銀行が大量に債券を販売（売りオペ）すると，債券供給が増えて債券価格（P）は下落します。したがって，債券利回り（ρ）は上昇します。

株式投資も債券投資と同じです。すなわち，株式投資のメリットは予想収益率が銀行預金の利率を上回る（$\pi > r$）ことです。そのために，株式投資も債券投資と同じ動きを示すことになります。そこで，金利と株価・債券価格の間には次のような関係が得られます。

> 銀行の金利が上昇すると，証券投資のうまみがなくなります。すると，投資家は資金を証券投資から引き上げるので，証券需要が少なくなります。その結果，株価や債券価格は下落します。

【公式8-1】 金利と証券価格の関係

図8-1には，日経平均株価とコールレート（金融機関相互で資金を貸借するときの短期金利）および長期金利の動きが描かれています。1980年代の前半は，【公式8-1】の通り株価と金利は逆方向に動いていました。ところが，1990年代に入ると，一転して短期金利と長期金利はほぼ同じように低下しましたが，株価の上昇幅は小さく，長期的に低下しました。ただ，2000年代になると，

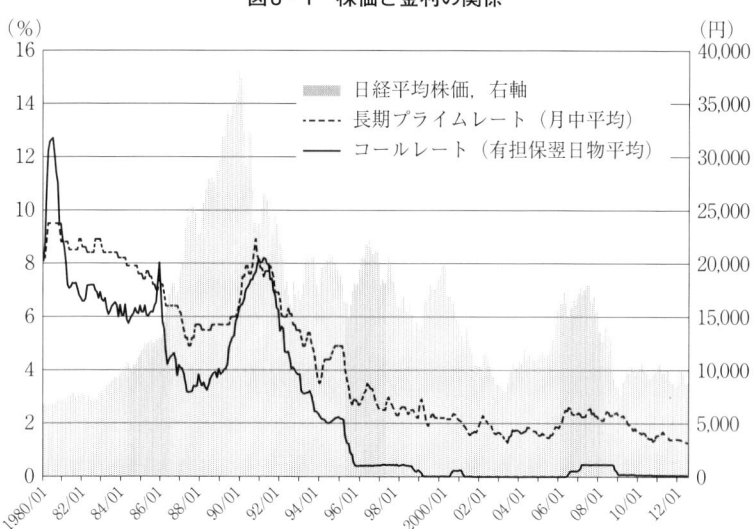

図8-1 株価と金利の関係

(資料) 日経NEEDS-Financial Questより抽出,作成。

　日本銀行の低金利政策の影響でゼロ金利が続き,長期金利も2％前後でほとんど変動していません。一方,ここでも株価は低下傾向にありました。すなわち,株価も金利も下落し【公式8-1】のような動きをしなかったのは,平成不況の影響が大きかったといえるでしょう。ところが,21世紀に入り景気（2002（平成14）年1月が景気の谷）が上向き始めると,株価は上昇傾向に転じました。したがって,株価の動向は金利以上に景気に左右されるといえるでしょう。2008年以降の株価下落は,まさにリーマン・ショックによる景気の低迷に影響を受けています。

　「資産の三分法」という言葉があります。資産を運用する場合,現金と株式と土地の三つに分けて運用することを薦めています。その意味は,1種類だけの資産で運用すると,リスクが大きすぎるので,リスク分散するためにいろいろな形で資産運用するのが望ましいということです。【公式8-1】で示したように,預貯金などの金利と証券価格は連動します。したがって,リスクを少な

くして高い収益（リターン）を上げるために，リスクのほとんどない安全資産とリスクの高い危険資産を組み合わせます。このような組合せをポートフォリオと呼びます。このポートフォリオには，金融資産だけでなく，土地や住宅などの不動産や金・絵画・骨董品などを含めた実物資産も入っています。さらに，外国の金融資産も組み込まれることがあります。ただ，外国資産を組み込むときには，為替相場の動きによっても収益率は変わってきます。いわゆる，為替リスクも考慮に入れる必要があります。要するに，投資家の資産運用の対象が広がれば，それだけリスクの種類も多様になってくるのです。

企業による資金調達の方法

　ここでは，資金の借り手に目を向けましょう。個人も，住宅ローンのように資金の借り手になることもあります。しかし，大口の資金需要者はなんといっても企業です。そして，資金需要の目的はだいたい三つあります。すなわち，
　①運転資金（売上金の回収と人件費や材料費の支払い日などが一致しないため，短期的に必要とする資金）
　②設備資金（機械など設備の購入や建物の増改築などに要する長期的な資金）
　③投資資金（有価証券などの購入に充てる資金で，いわゆる財テク運用資金）
です。それでは，企業はこれらの資金をどのような方法で調達（企業ファイナンス）してくるのでしょうか。

　企業も貯蓄します。企業利潤の一部を積立てた内部留保や固定資産の更新や取り替えの目的で計上された減価償却です。しかし，一般に，これらの内部資金（企業貯蓄）の蓄えだけで企業の資金需要を充分満たすことはできません。そのため，不足分は外部資金に頼らざるをえなくなるのです。

　外部資金の調達方法には，銀行からの借入れや，社債や株式の発行などがあります。このうち，借入れと社債に関しては銀行や投資家に返済する義務があります。ところが，株式の場合には返済義務がありません。その代わり，株式の購入者は株主と呼ばれ，企業の所有者になっています（第6章を参照）。すなわち，株主は総発行株数のうち保有株数の割合（持ち分比率）に応じて，企業の純資産（総資産から負債である外部資金残高を除いた部分）を所有していること

になります。そして，企業が利潤を得たときには，利潤の一部を配当として受け取ることができます。

このように，借入れ・社債と株式とは性質をまったく異にしています。そこで，借入れや社債などで調達された資金は他人資本，内部資金と株式で調達された資金は自己資本と呼ばれています。そして，自己資本比率とは調達資金全体の中に占める自己資本の割合を指しています。

そこで，企業が資金を調達する場合，調達コストの低い方法を選ぶのは当然です。この資金調達コストについて，有名な古典的な公式を述べておきます。

法人税あるいは資本課税がない場合，借入れや社債の発行もしくは新株の発行のいずれの方法でも，資金調達コストは同じで会社の価値に影響を与えません。

【公式8-2】モジリアーニ＝ミラーの定理

【公式8-2】は理想的な資本市場で成立する定理で，現実には調達方法によって会社の価値に影響を及ぼします。そこで，次節では，かつての日本企業の資金調達の特徴について説明します。

8.2 日本の企業ファイナンスの特徴

高度成長期は間接金融支配

1960年代の日本経済は鉄鋼，造船，電機などを中心にした「重厚長大」型産業によって高度成長を成し遂げました。この時代は大量生産・大規模生産の要請に応えて，事業がどんどん拡張されていきました。当然，企業の資金需要は旺盛で，絶えず資金不足の状態にありました。この資金不足を解消するために，企業は銀行からの借入れを増やしていったのです。その結果，総資金供給量のうち間接金融を通じる割合がほぼ90％前後にまでも達したのです。

このように，日本の企業が銀行への借入れ依存度を高めていくうちに，日本の企業ファイナンスについての主な特徴が二つ現われてきました。

まず第一に，企業の自己資本比率が低下してきたことです。そして，1975（昭和50）年には，全産業における自己資本比率が14％前後の低い水準にまで下がってきたのです。

　第二の特徴としては，企業経営に関する銀行の影響が強まってきたことです。そして，銀行を中心にした特定企業間での長期取引を行なう系列取引が形成されました。特に，融資シェアが最も大きい銀行をメインバンク（主力銀行）と呼び，第6章で説明したようにメインバンクを中心にした企業系列がつくられてきたのです。そして，企業は銀行融資だけでなく人材派遣や効率的な情報の提供をも受けてきました。このようなメインバンク制度が日本の閉鎖的な金融市場を形成していったのです。

　さらに，系列の企業間で，あるいは銀行で，それぞれの企業の株式が持ち合われるようになりました（株式の持ち合い制度）。企業間で株式を持ち合うメリットは，企業利潤のうち配当に回す部分を少なくできる点です。

　いま，X社とY社がそれぞれの株式をお互いに20％持ち合っているとしましょう。X社は利潤のうち内部留保を減らして配当に回す部分を，たとえば1000万円増やしたとします。すると，Y社は，X社が発行した総株数の1/5を所有しているために，X社からの配当収入が200万円増えることになります。しかし，反対にX社もY社の大株主であるため，Y社もX社と同額の配当を増やすことを要求されるでしょう。すると，Y社も配当総額を1000万円増やさなければならないので，差し引きのところY社全体の内部留保は800万円減ってしまいます。つまるところ，X社もY社も配当を増やさなかった状態と比べて，内部留保が800万円減ることになるのです。

　したがって，系列企業はお互いに配当を低く抑える政策（低配当政策）を取りました。そして，利潤の大部分は内部留保として設備投資や研究・開発投資に振り向けられ，企業成長の源泉になったのです。さらに，配当が少なければ株価は低迷し，株の買い占めも容易になりますが，系列企業が大株主であるため，企業の買収・乗っ取りを心配する必要もなく，企業経営に専念できたのです。

　ところが，このような特徴も近年様変わりしてきました。この変化をもたら

している背景の第一は，低成長経済への移行です。1970年代の2度の石油危機をきっかけに，日本の企業は事業規模の拡大から減量経営へと方向転換せざるをえなかったのです。そして，設備投資などが手控えられると，資金需要が減少し，外部資金への依存は低下しました。

さらに，第二の背景は金融の自由化です。金融の自由化が進むにつれて，企業の資金調達面や運用面に影響を与えだしました。そこで，以下では金融自由化について考えていくことにしましょう。

金融自由化で私たちのカネはどう動いたか？

金融の自由化とは，金融取引に関する規制を緩和したり撤廃することです。従来の金融機関に対する主な規制には①預金金利の規制と②業務分野の規制がありました。そこで，まず初めに，これらの規制内容について簡単に触れておきましょう。

戦後日本の金融の特徴の一つは，先にも説明したように間接金融（銀行型システム）でした。そして，日本経済が高度成長を成し遂げ国際競争力をつけるために，政府はいろいろな形で支援してきました。その中の一つに低金利政策がありました。すなわち，企業が銀行から低い金利で融資を受けられるようにすることでした。そのために，1947（昭和22）年「臨時金利調整法」のもとに，どの銀行に預金しても預金金利は同一の低い水準に統制されていました。

また，金融業務も規制されていました。たとえば，銀行が証券業務や保険業務に手を出したり，反対に証券会社が銀行業務や保険業務に手を出すことは禁じられていました。この業務の分離は，1929（昭和4）年のニューヨーク株式市場の大暴落をきっかけとして始まった「大不況」の教訓から，「証券取引法第65条」によって取り決められたのです。というのも，その当時，銀行は預金として受け入れた資金を株式などの有価証券に投資していたために，株価の大暴落によって各銀行が相次いで倒産したからです。

さらに，過当競争による金融機関の倒産を避けるために，銀行業務の専門化をも進めました。すなわち，銀行業界の中でも，都市銀行は短期金融を，長期信用銀行や信託銀行は長期金融や信託業務を行なうという役割分担も決められ

ていました。このような金融業務の垣根がしっかりと設けられていたのです。

ところが，第5章でも説明したように，1975（昭和50）年以降財政赤字による国債の大量発行で，日本の公社債市場が発達してきました。そして，個人投資家による国債の購入をしやすくするために，中期国債を投資信託に組み込んだ"中期国債ファンド"が証券会社から売りに出されました。

さらに，低成長時代になると，それまで金利水準に無関心であった預金者は金利の動きに敏感になり，より金利の有利なものを選ぶようになりました。そして，彼らは銀行預金より金利面で有利な郵便貯金へと資金をシフトさせたのです。

かくして，資金の流れが銀行から証券会社や郵便局へとシフトしていったのです。そこで，銀行も対抗上，自由金利のCD（Certificate of Deposit：譲渡性預金）をはじめ，ビッグ（新型貸付信託）やワイド（新型利付金融債）などの新しい金融商品を販売するようになりました。その結果，個人貯蓄をめぐって金融業界での競争が激しくなってきたのです。

1970年代半ば以降，規制の緩和・撤廃が段階的に実施されましたが，この金融自由化を推し進めた要因の一つは，個人投資家の強い金利選好でした。そして，これらのニーズに応えるように，次々と新しい金融商品が登場してきたのです。この新しい金融商品の開発を可能にしたのは，コンピュータや通信技術の発達でした。すなわち，コンピュータリゼーション（金融の電算化）が金融市場の変革の原動力でもありました。これによって，資金の効率的な運用，金融情報の迅速な伝達，事務処理のコストダウンなどができるようになったのです。

この結果，銀行の預金金利は完全な自由金利の方向へと近づいていったのです（1996（平成8）年に完全自由化）。また，銀行や証券会社は子会社を設立して異業種分野へ相互に乗り入れることが可能になり，いわゆる業務の垣根もだんだん低くなってきたのです（1999年に銀行・証券の垣根が消滅）。

金融の国際化で日本のカネの流れはどうなったか？

1980年代は「金融の時代」でもありました。金融市場の変革（金融革新）は

金融の自由化だけでなく，金融の国際化（グローバリゼーション）をも促しました。すなわち，豊富な資金が国内の金融だけに留まらないで，ジャパン・マネーとして海外に流れ，いまや債権国（資金供給国）になるまでふくれ上がりました。そこで，以下では金融の国際化について見ていくことにしましょう。

資金の運用が海外でも自由にできるようになったのは，為替管理の緩和・撤廃（1998（平成10）年に完全自由化）に負うところが大きいです。それ以前は円を自由に海外へ持ち出すことができなかったのです。ところが，いまではドル預金をしたり，外国企業の株式や外国政府の国債に投資したり，外国で企業を立ち上げることができるようになりました。というのも，日本はもはや外貨準備高の不足に悩まされる心配がなくなったからです。

折しも，1985（昭和60）年のプラザ合意以後，ドルは下落し，円の価値が上昇していきました（73頁の図4−1参照）。この強くなった円（ジャパン・マネー）が海外への直接投資や間接投資，あるいは海外旅行ブームとなって，世界の金融市場を駆けめぐるようになったのです。その結果，日本人が外国の金融資産を保有する額は，外国人が日本の金融資産を保有する額を上回るようになりました。たとえば，2010（平成22）年末には，日本の政府，企業および個人が海外に持っている資産額と負債額の差（対外純資産残高）は約250兆円で，日本のGDPの半分以上の大きさを占めています。まさに日本は「債権大国」として名をとどろかせています。

最近では，世界全体でカネ余り現象が起きています。その原因の一つがオイル・マネーでした。石油産出国の豊富な石油売上代金が，ロンドン，ニューヨーク，東京などの金融市場で大量の株式売買につぎ込まれていました。また，リーマン・ショック以後，アメリカやEUの金融緩和策によって生じた過剰なマネーが投機対象を求めて，金相場や株式市場，あるいは外国為替市場へと流れ込んでいます。まさに，世界を揺るがすリスク・マネーになっています。

円キャリーが国際金融不安定の一要因

もう一つが円キャリー取引といわれている資金です。平成不況に入ってから，日本銀行は公定歩合（日本銀行が民間の金融機関に貸し出すときの金利）を徐々に

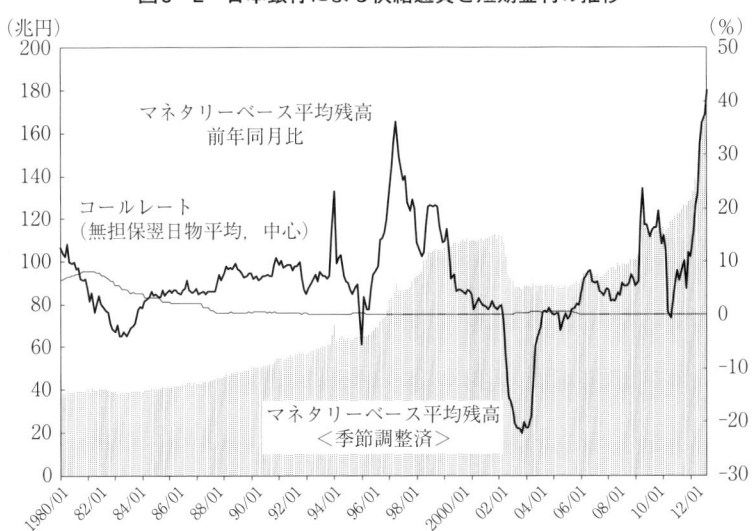

図8-2　日本銀行による供給通貨と短期金利の推移

(出所)　図8-1と同じ。
(注)　マネタリーベース平均残高は左目盛り。それ以外は右目盛り。

引き下げ，最低水準にまで下がってしまいました。その結果，日本の金利は各国と比べて非常に低い水準にあります。たとえば，**図4-2**（74頁参照）で示したように，日米の金利差は大きく開きました。そこで，投資家は日本でおカネを借りて，外国で運用すれば利鞘を得ることができるのです。さらに，日本銀行は景気回復のための金融政策として，量的緩和政策を打ち出しました。すなわち，マネー・サプライ（貨幣供給）を増やす政策に変えていったのです。金利も低くおカネも借りやすくなったのです。

図8-2には，マネタリーベース（ハイパワード・マネーとも呼ばれ，民間部門が保有する現金と，民間の金融機関が保有する日本銀行への預金）の平均残高と短期金利（コールレート）の動きが描かれています。明らかに，ゼロ金利になってもマネー・サプライは増加し続けていることが分かります。

日本銀行はゼロ金利政策を維持しながら，量的緩和政策を採り続けた結果，投資家は低い金利（たとえば2％）で円を借りて，外国の高い金利（たとえば6

第8章　世界を揺るがすリスク・マネー　　147

%）の金融商品を購入して利鞘（6-2＝4％）を得ることができるのです。この世界的なカネ余り現象を背景に，投機マネーが世界を駆けめぐることによって，各国の資本市場は相互に影響を受けやすい環境になっています。記憶に新しいところでは，1997（平成9）年にタイの通貨・バーツの下落に端を発し，それがインドネシア，マレーシア，フィリピン，韓国などに波及していった東アジアの通貨危機です。

ところで，日本の投資家が資金を海外で運用する国際金融の場合，国内金融にはないリスクが発生します。それは先述した為替レートの変動によるリスクです。というのも，海外で資金を運用するときにはまず円を外国通貨に交換し，将来投資収益を受け取るときには逆に外国通貨を円と交換することになります。

ところが，為替相場が変動制であるために，為替レートは日々刻々と変化しています。投資収益を受け取る時期に円高になっていると，いくら海外で高い収益を上げていても，受け取り額に目減りが生じます。たとえば，外国の金融商品を購入するとき，1ドル＝100円だったのが，投資収益を受け取るときの為替レートが1ドル＝96円になっていたとしましょう。この場合，1ドル当たり4円高くなったので，円高による為替差損は4％（-4÷100＝-0.04）です。したがって，為替差損によって4％の利鞘が消えてしまいます。当然のことですが，円高が4％以上進めば，海外の金融資産を購入するメリットはなくなります。このように，国際金融を行なう場合には為替レートの動きに注目しておく必要があります。

8.3　日本版ビッグバン

金融市場のグローバル化

金融市場の規制緩和によって，日本における金融の自由化，グローバル化が進んでいきました。しかし，世界の動向と比べると自由化の速度は遅く，金融制度の大幅な改革が求められるようになったのです。そこで，日本政府は東京をニューヨークやロンドンと同じような透明性の高い自由でグローバルな国際金融市場にすることを1996（平成8）年に宣言しました。この宣言は，1986

（昭和61）年にイギリスのロンドンで実施されたビッグバン（宇宙の誕生のときの大爆発にたとえて命名）と呼ばれる証券市場の改革になぞらえて，日本版ビッグバンと呼ばれるようになりました。具体的には，内外の資本取引等の全面自由化，銀行による投資信託や保険の窓口販売の解禁，証券会社の免許制から登録制への移行，株式委託売買手数料の自由化など広い範囲にわたる改革でした。現在では，日本版ビッグバンはほぼ完了しています。

　日本版ビッグバンによる改革は，日本の金融市場を大きく変貌させることになりました。第一に，証券市場では，既存の証券会社間だけでなく新規に参入してきた非金融企業による証券会社の設立などを通じて，競争を促進させる効果をもたらしました。さらに，インターネットを利用した株式売買も盛んになりました。また，新しい証券市場も開設されるようになりました。たとえば，新興企業向けの株式公開市場である東京証券取引所のマザーズや日本証券業協会が運営するジャスダックなどの創設です。

　特に，債券を取引する公社債市場，あるいは，株式を取引する株式市場などの証券市場が成熟してくると，企業による資金調達の状況も変わってきました。従来の銀行借入れから資本市場を経由する資金調達のウェイトが高まってきたのです。そして，2000（平成12）年には，銀行借入れによる間接金融は全体のおよそ50％にまで下がってきました。それでも，アメリカやイギリスと比べると間接金融の比重はまだ大きいです。同時に，資金調達を目的として新たな証券が発行される発行市場だけでなく，すでに発行された証券が売買される流通市場も活発になってきました。毎日，テレビや新聞の株式欄に，日経平均株価やTOPIX（東証株価指数）の動きが報道されていることからも分かります。

新たな金融商品の開発と持株会社の解禁

　第二に，債券や株式，あるいは外国為替などの基本的な金融商品をベースに，新しいタイプの金融商品などが売買されるようになりました。たとえば，先物取引，先渡し取引，スワップ取引，オプション取引などです。これらの取引は現物取引から派生する取引なので，金融派生商品もしくはデリバティブと呼ばれています。金融派生商品の取引価格は，ベースになる金融資産の金利や価格

などの値に依存します。金融派生商品を売買する目的は，「金利と有価証券価格の関係は？」の項（139頁参照）で説明したポートフォリオに組み入れる金融商品を増やすことにあり，それによって資本損失の発生リスクを分散させることができます。

　第三に，1998（平成10）年には金融持株会社（Financial Holding Company：FHC）の設立が解禁されました。持株会社には事業持株会社と純粋持株会社の2種類あります。前者は，みずから事業を行ないつつ，他の企業の株式を保有する会社のことです。すでに説明しました株式持ち合いは事業持株を意味しています。たとえば，銀行が自動車会社の株式を保有しているとすれば，銀行は金融サービスの事業を行ないながら，自動車会社を保有していることになります。ところが，後者は，自ら事業を行なわず，他の企業の株式を保有しているだけです。したがって，純粋持株会社の収入は株式保有から得られる配当だけです。

　純粋持株会社は，第二次大戦後，旧財閥による日本経済の支配を阻止するために，また，自由競争の弊害になるという理由で禁止されていました。ところが，1997（平成9）年の独占禁止法の改正によって解禁されました。というのも，国際競争が激しくなる中で，傘下にある事業の整理・統合や合併・買収を効率的に進めるメリットが主張されだしたからです。事実，ほとんどの先進国では純粋持株会社の設立が認められています。このような事情を背景に，銀行持株会社のもとに銀行，証券会社，保険会社などを含めた金融グループが形成されることになりました。現在，主要な銀行による経営統合・組織再編成が進み，規模の大きい三つのフィナンシャル・グループ（三菱東京UFJ，みずほ，三井住友）に集約され，メガバンクと呼ばれています。そして，グループ内の他の会社の株式を持つことによって，グループ全体の中核になることができます。かつての六大企業集団が経営統合して，グローバルな経営戦略を見据えた新しい企業再編成を進めているといえるでしょう。

　同時に，2007（平成19）年に日本郵政公社が民営化され，政府が出資する日本郵政グループに生まれ変わり，四つの事業を有する持株会社方式に衣替えしました。その結果，かつての郵便貯金が「ゆうちょ銀行」になり，メガバンク

が一つ新たに加わることになりました。

金融のグローバル化が実体経済を揺るがす

　金融のグローバル化は，日本経済が世界経済の中に深く取り込まれ，他国の問題が日本経済に大きく影響を与えることを意味しています。たとえば，アメリカで発生したサブプライム・ローン（信用度の低い顧客向けの住宅ローン）の焦げつき問題です。

　多くのアメリカ人が，返済能力を超える住宅ローンを契約してきました。その理由は，利益拡大に走る銀行が当初の金利を低くして融資対象を信用度の低い顧客に広げていったからです。信用度が低いため，当然信用リスクが考慮されるので，このような顧客に対する金利はその後高くなります。そこで借り手は，高騰する不動産を担保に他の銀行から借り換えの融資を受けてローン返済に充てることによって，急場をしのぐような対処をしてきました。ところが，住宅価格の下落によって担保価値が下がり，借り換え融資が受けられずに，返済できなくなってしまったのです。

　一方，貸し手の銀行は，住宅ローン債権を住宅ローン担保証券として小口化し売り出していました。このような一定の資産に関わる権利を，債券やCP（Commercial Paper：無担保の約束手形）などの流動資産として金融市場で取引できるようにすることを金融の証券化（セキュリタイゼーション）といいます。金融証券化された証券が世界の資本市場で取引され，個人投資家や機関投資家の間で売買されるようになったのです。

　ところが，住宅価格の下落とローン金利の上昇によって，住宅購入者の返済が困難になり焦げつき問題が顕在化してきました。すると，銀行は住宅ローンに対して慎重な姿勢に変わり，住宅投資が冷え込んできました。住宅投資需要が落ち込むと住宅関連の雇用も少なくなり，個人消費需要にも影響を与えます。このようにアメリカの内需が冷え込むと，【公式4-1】（72頁参照）の所得効果によって日本の輸出にマイナスの影響を与えます。

　さらに，住宅ローン担保証券が不良債権になり，その証券を保有している企業に損失が発生します。それが，ヨーロッパやアジアの株式市場で株安を引き

起こし，【公式3-1】（52頁参照）の逆資産効果による消費需要にマイナスの影響を及ぼすこともありえます。また，円キャリー取引（146頁参照）でアメリカの証券を購入していた投資家は，リスク回避に動いて円キャリー取引を控える行動にでました。そのこともあって，円売り・ドル買いが少なくなり，円高・ドル安に向かったのです。事実，日本経済のパフォーマンス（成果）がよくなかったにもかかわらず，円高・ドル安が進んだのも記憶に新しいところです。すると，【公式4-1】の価格効果によって日本の輸出は減少しました。このように，アメリカのサブプライム・ローン問題が日本経済の実体面に影響を与えたのです。マネーは世界中を駆けめぐるため，日本以外の国で発生した出来事は，いまや対岸の火事として傍観することができなくなってきたのです。

エピローグ

市場主義の弊害

　1980年代後半，日本経済はバブルに沸き立ちました。株価や地価の高騰。高級消費や海外旅行ブーム。リゾート・マンションやオフィスビルの建設ラッシュ，等々。挙句の果ては，「ジャパン・アズ・ナンバー1」という表現で，21世紀は日本の時代と持て囃されもしました。ところが，90年代になってバブルがはじけてみると，一夜の夢に浮かれた儚い異常な時期だったことを身に沁みて思い知ったのです。さらに，過熱した市場主義が人間の飽くなき欲望の連鎖を生み出し，拝金主義の風潮を根づかせてしまったのです。

　バブル崩壊後，日本経済は長い不況の時代に突入しました。その主な理由は，80年代の過熱に煽られた過剰債務・過剰投資・過剰雇用が，企業経営に重くのしかかってきたからです。その結果，90年代の経済成長率は，80年代のおよそ半分の年平均1.7％にまで低下したのです。まず，株価や地価の下落によって，金融機関に多額の不良債権が発生しました。そこで，政府は日本の金融システムを崩壊させないために，「公的資金」という名のもとに税金を投入して救済措置を取ったのです。

　また，日本経済が低成長に喘ぐ中，大企業は年功序列制や終身雇用制をメインとする日本型経営を温存する体力を失ってきました。というのも，業績回復のために，企業のリストラ（再構築）に取りかからざるをえなかったからです。かつてのように売上げを伸ばすことによる業績回復は見込めず，企業組織のスリム化による業績回復の途しかなかったからです。いわゆるジョブレス・リカバリー（求人のない回復）が進み，失業率も一時アメリカを上回る5.4％という高い数字を示しました。

　このように，90年代から始まった平成不況は，「失われた10年」とか「失わ

れた15年」とか呼ばれていました。その間，生き残りをかけて血の滲むような経営努力をした企業もありました。ところが一方では，利益を追い求めるあまり不祥事を引き起こす企業もありました。それも，中小企業だけでなく大企業までが不正行為に手を染めたのです。製造品の欠陥に絡んだ虚偽報告や農産物の産地偽装など会社ぐるみの事件です。また，海の向こうのアメリカでも同じような事件が起きました。これらの不祥事は市場競争の行き過ぎた側面が表面化したともいわれています。企業は短期的な利益と引き換えに信用という最も重い財産を失うだけでなく，市場システムそのものへの信認も揺らぐことになりました。

ルールは厳守すべし

　スポーツの楽しさは，お互いが持てる力と技を発揮して競い合うところにあります。そして，競争を通じてさらに強さや技能が磨かれていくのです。経済社会にも同じことがいえます。競争の中からアイデアが生まれ，活気が出てきます。そして，社会がダイナミックに動いていくのです。

　しかし，競争にはルールがあります。ルールがあるからこそスポーツも楽しくなるのです。したがって，ルールを犯せば当然ペナルティがつきます。ところが，証券会社が企業などの大口顧客に株価の値下がりで発生した損失を補填していたことが発覚しました。あるいは，公共事業の競争入札で談合による落札がしばしば見受けられました。これらは市場のルールを無視した行為です。日本の企業間同士のもたれ合いを背景にした甘えの構図ともいえます。このような日本の社会にしか通用しない「ムラの論理」も，煎じつめれば企業優先の考え方であり，一般庶民や納税者に損失のツケを払わしていることになります。もう少しいえば，市場取引にはリスクがつきもので，そのリスクを取らない企業経営が公然と行なわれていたわけです。結局，そのような企業が不正によるペナルティという大きなダメージを被ったわけです。

　日本は「経済大国」であっても「生活大国」ではないといわれてきました。これも社会の仕組みが企業中心の考え方で作られてきたからです。その背景に

は，企業で一所懸命に働けば従業員の生活は保障されていたからです。すなわち，企業と従業員の間で，いわゆる御奉公・本領安堵の関係が暗黙のうちに成り立っていたといえるでしょう。あるいは，"企業栄えれば民栄える"の考え方が一般的だったともいえるでしょう。

　一方で，歴史を振り返ると政府は市場のルール形成に一定の役割を果たしてきました。それは質的規制といわれるもので，医者や弁護士などの資格を国家が認定するシステムがそれです。また，戦後の日本の経済成長の理由の一つに，「護送船団方式」といわれるような日本的なシステムがありました。これは政府も市場と一体となって企業利益を上げようとしてきた証です。1970年代になると官民一体となった産業の非効率性が目立ってきたため，政府の関与をできる限り減らそうというのが一連の規制緩和です。

豊かになって国滅びる

　「衣食足りて礼節を知る」という言葉があります。日本も経済的に豊かな社会になり，ブランド商品のファッションを身につけ，グルメの旅とかダイエット食品が話題になるような生活をするようになりました。よく知られたマスローの「5段階欲求説」に従えば，生存の欲求や安全の欲求は満たされ，人々の欲求もさらに一段高い段階へと進むはずでした。すなわち，経済的な生活にゆとりが生まれると，各自が分を弁えた行動をすると期待されたのです。しかし，現実には「衣食足りて礼節を忘れる」ような光景がしばしば見受けられます。言い換えれば，倫理・道徳の欠けた社会になっているようです。

　倫理・道徳の欠落はいろいろなところで大きな問題を引き起こしています。教育現場では，給食費の支払いを拒否する家庭。生徒のいじめや自殺などの問題を隠蔽しようとする学校。政治の世界では，政治資金の不透明な収支報告を放置する政治家。行政の世界では，年金記録の記入漏れや収めた保険料を横領する社会保険庁や各地の自治体。生産現場では，商品の賞味期限を改ざんしたり期限切れの商品を他に転用したりする老舗。挙げれば限のないほど不正の連鎖が続いています。

現在ほど企業の社会的責任（Corporate Social Responsibility：CSR）が厳しく問われている時代は過去にはありませんでした。当然のことながら，自由主義社会における企業の大前提は利潤の追求であることはいうまでもありません。利潤がなければ，企業は倒産していくだけです。これは否定すべくもありません。しかし，それにもおのずから限度があります。儲かるものならば，メーカーはどんなモノを作ってもいいとか，金融機関は誰にカネを貸してもいいとかいったことは，絶対に許される経済行為ではありません。社会的倫理のない資本主義はただ経済を混乱させるだけです。特に，大企業は社会的な影響が大きいゆえに，経済活動の節度が厳しく求められます。

　多くの企業には創業者精神や社是と呼ばれるものがあります。その内容はさまざまですが，その中に社会奉仕とか利益の社会還元といった意味のことがしばしば出てきます。この言葉は，企業が単なる金儲けに走ることを戒め，利益の一部を無償で社会に役立てることを求めているのです。すなわち，見返りを期待しない社会活動ともいえるでしょう。

　週刊誌『ニューズウィーク』（2007年7月4日）が世界企業のランキングを発表したことがあります。このランキングを決めるときの指標は，もちろん企業の収益性や成長性などの「財務力」を評価しています。しかし，財務力の指標以外に企業の社会的責任（CSR）も評価基準に加えられています。CSRを構成する内容には，倫理規定や法令の遵守，従業員に対する健康や安全の配慮，社会貢献活動，環境問題への取り組みなどがあります。しかも，評価に際して財務力が50％，CSRが50％の割合を占めています。資金運用会社や投資信託などの機関投資家が投資先を選ぶ際に，金儲けだけではなく，企業の社会的貢献度も重要な判断基準になってきました。

　たとえば，「企業フィランソロピー」とか「企業メセナ」といった言葉はすっかりおなじみになりましたが，これらはともに企業による文化事業などへの寄付や支援を意味しています。これも社会的貢献を目指した企業の取り組みです。文化事業部が新たに設けられて，積極的に文化活動を支援している企業もあります。ところが，フィランソロピーやメセナの言葉とは裏腹に，多くの日本企業はそろばん勘定しながら文化支援を決めているといわれています。これ

では真の文化支援とはいえないでしょう。

　社会的倫理や道徳の衰退が見られる日本は，「モノやカネ」よりも「人間のこころ・共感」を大切にする社会を築き上げていく必要があるでしょう。そのためにも，見返りを求めない企業の積極的な文化支援活動が期待されます。

環境に配慮した経済活動を

　文化支援と同じく環境保護も重要なテーマです。家庭から毎日排出されるゴミ，産業廃棄物，森林伐採，酸性雨，地球温暖化など身の回りの狭い範囲から地球規模に至るまで，環境破壊は着実に進んでいます。自然環境・生活環境を守ることは人間の基本的な義務です。もっとも，人間の活動期間は地球の歴史から見ればわずかであり，地球温暖化も長期的な地球の気候変動から見れば大きな問題ではないのかもしれません。そうだからといって，環境に対する関心を持たないわけにはいかないでしょう。

　ところが，近代の工業社会はその当たり前のことを忘れて，生産活動のみにいそしんできました。すなわち，企業はゴミの回収コストを経済計算に入れずにモノをつくってきました。また，工場からの煤煙や自動車の排気ガスによって大気が汚染されても，生活排水や工場排水によって川や湖や海が汚染されても，誰もそれを積極的に浄化しようとはしなかったのです。浄化コストがあまりにも大きいからです。

　しかし，人間が地球上に住む限り，また他の惑星に移り住むことができない限り，この地球環境を保護することは絶対条件です。そして，環境保護を率先して推し進めるのも企業の社会的責任であるという認識も定着してきています。たとえばそれは，メーカーなら環境保護にマッチしたモノをつくったり，環境保護に役立つ技術を開発することでしょう。また，環境破壊につながるモノの使用を禁止したり，生産を中止することも欠かせないでしょう。さらには，環境保護に取り組んでいる企業に対しては，優先的に資金を融通していくのが金融機関の役割でもあります。

　しかし，文化活動や環境保護は企業だけの問題ではありません。消費者サイ

ドにも責任があります。先ほども述べたように，企業の存立基盤は利潤です。企業は売れないモノをつくろうとはしません。したがって，消費者は常に文化や環境に関心を抱いて，明確な意思を持ってモノを買い続けることが必要でしょう。

　そして，政府は文化活動や環境保護に取り組みやすい経済システムを整える必要があります。たとえば，税制面での優遇措置や補助金の支出，あるいは財政支出の内容を検討することなどが含まれています。いずれにしても，日本の経済社会をいままでの企業優先から生活優先へと，企業も政府も消費者も思い切ってギア・チェンジする必要があります。本当に「豊かな社会」を実現するためには，Economy（経済力），Ethics（倫理・道徳），および，Environment（自然・文化環境）の三つのEがバランスよく備わった社会を目指すべきでしょう。

■著者略歴

西 村　　理（にしむら　おさむ）
　1946年　京都府生まれ
　1969年　京都大学経済学部卒業
　1971年　京都大学大学院経済学研究科修士課程修了
　1976年　ペンシルベニア大学大学院 Ph.D.
　　　　　同志社大学経済学部教授を経て
　現　在　同志社大学名誉教授
　主要著書
　『インタラクティブ エコノミクス』（共著）有斐閣, 2003年
　『「科学」を超えて』（共著）晃洋書房, 2005年
　『アウトルック 日本経済』（共著）萌書房, 2008年
　『経済学入門』放送大学教育振興会, 2013年　ほか多数

加藤一誠（かとう　かずせい）
　1964年　京都府生まれ
　1987年　同志社大学経済学部卒業
　1992年　同志社大学大学院経済学研究科博士課程満期退学
　2002年　博士（経済学）（同志社大学）
　　　　　関西外国語大学助教授・日本大学経済学部教授を経て
　現　在　慶應義塾大学商学部教授
　主要著書
　『アウトルック 日本経済』（共著）萌書房, 2008年
　『交通インフラ・ファイナンス』（共編著）成山堂書店, 2014年
　『空港経営と地域』（共編著）成山堂書店, 2014年
　『交通インフラの多様性』（共編著）日本評論社, 2017年　ほか多数

おさえておこう!! 現代日本経済の基礎
　2014年4月30日　初版第1刷発行
　2018年4月10日　初版第2刷発行

著　者　西　村　　理
　　　　加　藤　一　誠
発行者　白　石　徳　浩
発行所　有限会社 萌　書　房
　　　　〒630-1242　奈良市大柳生町3619-1
　　　　TEL (0742) 93-2234 / FAX 93-2235
　　　　[URL] http://www3.kcn.ne.jp/˜kizasu-s
　　　　振替　00940-7-53629
印刷・製本　共同印刷工業・藤沢製本

ⒸOsamu NISHIMURA, Kazusei KATO, 2014　　Printed in Japan

ISBN978-4-86065-082-7